Tu media naranja

⁊

Cómo encontrar tu pareja y desarrollar un matrimonio feliz

Jaime Fasold

PORTAVOZ

La misión de *Editorial Portavoz* consiste en proporcionar productos de calidad —con integridad y excelencia—, desde una perspectiva bíblica y confiable, que animen a las personas a conocer y servir a Jesucristo.

Tu media naranja: Cómo encontrar tu pareja y desarrollar un matrimonio feliz. © 1998 por Jaime Fasold y publicado por Editorial Portavoz, filial de Kregel Publications, Grand Rapids, Michigan 49501. Todos los derechos reservados.

EDITORIAL PORTAVOZ
P. O. Box 2607
Grand Rapids, Michigan 49501 USA

Visítenos en: www.portavoz.com

ISBN 978-0-8254-0518-1

1 2 3 4 5 edición/año 15 14 13 12 11

Printed in the United States of America
Impreso en los Estados Unidos de América

Contenido

❧❦❧

Abreviaturas

BLA Biblia de las Américas

RVR60 Reina-Valera revisada 1960

Prólogo

*L*as imágenes de Hollywood, con su falso encanto, han distorsionado en gran parte la realidad del amor y del matrimonio. Las instituciones educativas, que nos deberían preparar para los aspectos más importantes de la vida, no ofrecen las herramientas para aprender a comunicarnos efectivamente, negociar y resolver diferencias, ni tampoco nos ayudan a dejar de lado nuestra naturaleza egoísta. Como si fuera poco, la mayoría de los matrimonios, son pobres modelos de lo que debe y puede ser un hogar conforme a los sabios planes de Dios.

Como punto de partida, debemos regresar al origen divino de las relaciones interpersonales. Allí hallaremos los propósitos que el Creador tuvo al formar a la primera pareja y a toda la raza humana. Esta meditación permite equilibrar el espíritu, las emociones, el intelecto y el cuerpo en el acto de amar.

Para muchos jóvenes, el matrimonio es un mito donde se alberga la ilusión de que el amor ¡todo lo vencerá! La pareja, entonces, ingresa prematuramente a esta fase de la vida, o sin suficiente conocimiento y con poco o ningún diálogo respecto de los temas más significativos para el resto de sus vidas. *Tu media naranja...* aporta excelente material para iniciar un diálogo profundo y sincero, para clarificar expectativas de ambas partes, definir actitudes y forjar comportamientos, si es posible, *antes* de realizar el compromiso nupcial.

Este libro llegará a personas que posiblemente ya no puedan remediar relaciones del pasado, como también a otras que están a tiempo de hacerlo o que recién están atravesando la primavera de sus vidas. La lectura de este libro, unida a una disposición sincera de aprender, será útil para desarrollar relaciones sanas y duraderas. Las historias que a diario me comparten por carta o personalmente, me impulsan a recomendar sin reservas esta obra para los que quieran renovar sus votos matrimoniales, así como para los que desean iniciarlos con responsabilidad y desean un brillante futuro en un matrimonio fundamentado en los principios de la Palabra de Dios.

LUIS PALAU

Parte I

Una definición del matrimonio

CAPÍTULO 1

Las metas del matrimonio

∽৩⬤৩∽

¿*M*etas? ¡Qué forma más sosa y aburrida de comenzar un libro! ¿A quién le interesa pensar en metas al considerar una cosa tan bonita y romántica como el matrimonio? Sin embargo, precisamente por carecer de un norte muchos matrimonios flaquean, viven al borde del fracaso, sólo subsisten, o acaban en separación o divorcio. No saben hacia dónde deben dirigir su pareja, ni qué es lo que quieren.

Otros tienen muy claro hasta dónde quieren llegar, pero se estrellan al elegir unas metas inadecuadas o equivocadas. Por ejemplo, muchas parejas eligen la felicidad como la meta principal de su matrimonio. Lamentablemente, la felicidad no puede servir como *meta* ya que es más bien un *resultado* de haber alcanzado una meta que vale la pena.

Es imprescindible para cada persona que guarda la ilusión de casarse algún día, y para los que ya están casados, saber cuáles son las metas del matrimonio.

La meta principal que Dios estableció para el matrimonio se encuentra en medio del relato sobre la creación. En Génesis 1:26, 27 el Espíritu Santo subraya el hecho de que el hombre y la mujer fueron creados a la imagen de Dios. «Entonces dijo Dios: Hagamos al hombre a *nuestra imagen*, conforme *a nuestra semejanza*;... Y creó Dios al hombre *a su imagen, a imagen de Dios* lo creó; varón y hembra los creó.»

Una imagen es una figura, una sombra, un perfil de la realidad. No es la realidad misma. Adán no era Dios, pero sí reflejaba cómo era; se parecía a Dios en varios aspectos. Adán era santo. Su santidad no era una réplica exacta de la santidad de Dios, sino más bien una sombra de la misma. La santidad de Adán consistía en la ausencia del pecado, aunque era capaz de pecar. Por el contrario, la santidad de Dios brota de su mismo ser de tal manera que es incapaz de pecar.

Adán era eterno. Pero su estado eterno tuvo un comienzo con la creación y se extendía sólo hacia el futuro. Al contrario, la eternidad de Dios se extiende tanto hacia el pasado como hacia el futuro. Adán era una persona: contaba con un intelecto, una volición y unas emociones. El acto de dar nombres a todos los animales es una muestra del gran intelecto con que fue creado (Gn. 2:19, 20). Sin embargo, ese intelecto era una simple sombra al lado de la omnisciencia de Dios. Al final del versículo 27, Moisés indica que la mujer también fue creada a la imagen de Dios. Como ser humano, la mujer tiene el mismo valor intrínseco que el hombre.

Primera meta: Reflejar la unidad que existe en la Trinidad

Adán reflejaba en su ser muchos aspectos de la persona de Dios. Sin embargo, había un elemento del carácter de Dios que Adán por sí solo no era capaz de reflejar: a saber, la unidad que existe entre las tres personas de la Trinidad. Sólo una relación con otra persona le permitiría reflejar ese aspecto de la persona de Dios. Así que Dios creó el matrimonio para que dos personas diferentes por completo, con distintos papeles, viviesen en perfecta unión y armonía.

Dios quería que el ser humano fuese un pequeño «dios», un reflejo de cómo Él es. ¿Por qué? Cuando unos padres presentan por primera vez a su recién nacido a sus amigos, ¿qué es lo que sienten cuando dicen que la nariz se parece a la del padre y los ojos a los de la madre? Igual que me sentí cuando mi hijo de 21 años me dijo un día: «Papá, quiero que sepas que tú y mamá me habéis sido toda una inspiración. Quiero ser como vosotros sois.» Me sentí alagado. Este hijo mío, que su madre y un servidor habíamos concebido, me decía que quería imitarnos.

Cuando un hombre piensa como Dios piensa, siente las emociones que Dios siente y se porta como Dios se porta, le glorifica. Dios creó al hombre para que le glorificara. Y cuando Dios creó el matrimonio, su meta principal era la misma: que la pareja le glorificara al vivir en perfecta armonía, reflejando así esa unidad que existe entre las tres personas de la Trinidad. La esencia y la meta principal del matrimonio es la unidad.

Segunda meta: Reflejar el amor de Cristo hacia la Iglesia

Lamentablemente, poco después de la prima boda, el plan de Dios de que el primer matrimonio reflejara la unidad que existe en la Trinidad fue estropeado por la entrada del pecado en el mundo. Cuando Adán y Eva pecaron, perdieron su santidad original y adquirieron una naturaleza pecaminosa. Ahora no sólo tenían un entendimiento teórico del pecado, sino experimental. Se encontraban esclavizados por esa naturaleza pecaminosa que los impulsaría constantemente hacia el pecado.

Con su caída, la imagen de Dios en ellos fue terriblemente manchada. A partir de ese momento, no siempre acertarían en sus decisiones aunque quisieran. Tampoco pensarían como Dios; a veces llegarían a considerar lo bueno como algo malo y lo malo como algo bueno (Is. 5:20). Y sus emociones estarían totalmente revueltas; sentirían alegría cuando deberían haber llorado y gemirían cuando deberían haberse regocijado.

A la vez, al perder esa relación íntima que tenían con su Creador, desapareció también la unidad de que gozaban Adán y Eva en su matrimonio. Cuando surgen conflictos en el matrimonio, los cónyuges harían bien en recordar que el principal enemigo no es su pareja, sino el pecado que se encuentra en ellos mismos.

Dios responde a este ataque de Satanás mediante la muerte de Cristo en la cruz. Cuando una persona confía en Cristo como su Salvador, el Espíritu Santo restaura en ella la imagen de Dios de dos formas. En primer lugar, de forma *puntual*, lo que tiene que ver con su posición delante de Dios (1 Co. 1:2, 30; 6:11; He. 10:10). El Padre ve al creyente como justificado y santificado por completo. Y es precisamente esa posición la que sirve como base de la restauración *progresiva* de la imagen de Dios en el creyente a medida que deja que el Espíritu Santo le santifique en su vida diaria (Ro. 6:22; Jn. 17:17; 1 Ts. 4:3, 4, 7; 5:23; 2 Co. 3:18; 7:11).

La meta original del matrimonio de reflejar la unidad que existe en la Trinidad no deja de ser válida. Sin embargo, la entrada del pecado en el mundo obliga a Dios a establecer dos metas adicionales. La segunda de ellas es la de reflejar el amor de Cristo hacia su Iglesia. Efesios 5:22-32, en especial los versículos 25 y 26, son los que con más amplitud enseñan y explican esta meta.

Cristo amó a la Iglesia cuando estaba enfrentada con Él, cuando le consideraba su enemigo, cuando estaba muerta en sus delitos y pecados (Ro. 5:8; Ef. 2:1-5). El amor de Cristo hacia la Iglesia era incondicional; la amó cuando no le correspondía. Es esta clase de amor el que debe establecerse entre los cónyuges. Amar es fácil cuando nuestra pareja nos corresponde. Pero cuando nuestra pareja no es muy amable, es precisamente en esos momentos en que se pone a prueba la clase de amor con que Cristo amó a la Iglesia. La segunda meta divina para el matrimonio es que los cónyuges se aman «como Cristo amó a la iglesia».

Con esta segunda meta, notamos cómo Dios sigue empeñado en hacer que seamos como Él es. Dios es glorificado cuando los cónyuges reflejan en su matrimonio esa misma clase de amor con que Cristo amó a la Iglesia.

La santificación progresiva de los cónyuges

Efesios 5:26 enseña que Cristo amó a la Iglesia con el propósito de santificarla. El marido tiene la responsabilidad de amar a su esposa con tal de santificarla. Es evidente que la esposa debe ejercer esa misma labor en la vida de su marido. Además de reflejar la unidad que existe en la Trinidad y el amor que Cristo tiene para la Iglesia, cada cónyuge ha de ayudar a su pareja a recuperar, tanto como sea posible, aquella totalidad y plenitud que tenían Adán y Eva antes de la caída. De nuevo notamos cómo Dios se empeña en hacer que seamos como Él es.

Efesios 5:31, 32 enseña que la unión del marido y su mujer es un reflejo de la unión del creyente con Cristo. Esta unión se describe como un misterio. Antes de casarse, los cónyuges eran dos personas distintas (Fig. 1). ¿En qué sentido llegan a ser los cónyuges una sola persona?

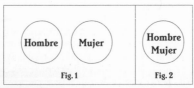

La unidad que Dios desea para cada matrimonio no puede significar que los novios, al casarse, son absorbidos por una tercera identidad, a saber el matrimonio (Fig. 2). En ese caso cada cónyuge perdería su propia identidad. Tampoco puede significar que los esposos llegan a ser uno sólo en ciertas áreas de su matrimonio (Fig. 3). En ese caso, la unidad sería incompleta.

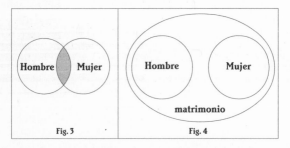

La unión que Dios contempla es un compromiso por parte de los cónyuges de ayudarse mutuamente a recuperar aquella totalidad y plenitud que el ser humano tenía antes de la caída. Poco a poco los cónyuges se conforman a la imagen de Cristo. Cada cónyuge retiene su propia identidad y personalidad. No son ahogados ni absorbidos por un nuevo ente, sino que su nueva relación les ayuda a llegar a ser mucho más de lo que eran antes (Fig. 4). Juntos los esposos derrumbarán poco a poco las barreras que el pecado ha construido, y a través de su amor y apoyo mutuo adquirirán una plenitud espiritual, psicológica, mental, emocional y física que no tenían antes. «El matrimonio bíblico en su aspecto más profundo, es la búsqueda de aquel estado original de humanidad cuando el hombre y la mujer no se explotaban el uno al otro, sino que se ayudaban mutuamente.»[1]

La persona que se compromete en esta clase de unión, no pierde su personalidad o individualidad, que es distinto al individualismo, sino que recupera su verdadera personalidad, la cual se ve ahora en color, en vez de en blanco y negro. Al conformarse a la imagen de Cristo mediante la ayuda de su pareja, cada cónyuge empieza a vivir más plenamente.

El gran lema de hoy es «el individualismo sobre todo». Pero éste es un individualismo torcido que tiene como base el egoísmo. El trágico precio de este tipo de individualismo es la pérdida de unas relaciones productivas. Cuando un hombre y una mujer toman la decisión de cultivar una relación matrimonial, en la cual dos personalidades normales y corrientes se convierten en una superpersonalidad, esa pareja acaba de hacer un ataque muy valiente a la manera actual de ver las cosas.

CONCLUSIÓN

La meta principal del matrimonio es hacer de dos personas distintas por completo una sola persona y así reflejar la unidad que existe en la Trinidad. Con la entrada del pecado en la experiencia humana, Dios añade dos metas al matrimonio: reflejar el gran amor que Cristo tiene hacia su Iglesia y, en el proceso, promover la santificación progresiva de los dos cónyuges. Cada una de las tres metas tiene el propósito principal de que Dios sea glorificado mediante el comportamiento de los cónyuges.

NOTAS

1. MacDonald, George. *Magnificent Marriage* (Wheaton: Tyndale House, 1976), p. 7.

El compañerismo:
Nuestra necesidad más grande

∾∾∾

Contrario a la opinión pública, la necesidad más grande del ser humano no es el sexo, sino el compañerismo. Tener al lado alguien con quien compartir la vida. Para que los primeros dos seres humanos se juntaran y así reflejar la unidad que existe entre las tres personas de la Trinidad, Dios creó en Adán un hueco que sólo se podría llenar con el compañerismo de otro ser humano. Dios no pretendía que Adán fuese un hombre *dependiente*, incapaz de velar por sí mismo, ni *independiente*, indispuesto o incapaz de admitir la influencia de otros, sino *interdependiente* (1 Co. 11:11), una persona con algo que ofrecer a los demás y a la vez capacitada y dispuesta a admitir la influencia y la ayuda de otros.

Cuando Dios dice que la soledad de Adán no es buena (Gn. 2:18), de ninguna manera deberíamos entender que esta situación lo tomó por sorpresa. La soledad de Adán representaba la estrategia divina para empujarlo a establecer una relación con Eva, con el propósito de que los dos reflejaran la unidad que existe entre las personas de la Trinidad. Tampoco deberíamos entender que la soledad de Adán equivalía a un defecto. Aunque creado de forma perfecta, Adán no dejaba de ser incompleto. El hecho de crear a Adán incompleto no es menoscabo de su perfección. Lo que Dios hizo era perfecto.

La importancia de las palabras «no es bueno», es subrayada en el hecho de que toda el resto de la creación era buena en el sentido de terminada y completa. Había sólo una excepción: la soledad de Adán. Mirando hacia arriba podía adorar a Dios. Mirando hacia abajo podía dominar a los animales. Pero al mirar a su alrededor no encontraba a nadie con quien compartir su vida. Es importante recordar que las palabras «no es bueno» fueron dichas antes de la caída. Según la opinión de Dios, la relación tan íntima y directa que Adán tenía con Él no era suficiente. Dios creó a Adán con una necesidad que la presencia divina no podía suplir. Si el hombre necesitaba una «ayuda idónea» antes de caer en el pecado, ¡cuánto más ahora con todos los estragos que el pecado ha causado en su vida!

El compañerismo que resulta cuando dos cónyuges cultivan y persiguen la unidad en su matrimonio, resuelve tres de los grandes problemas que tienen sociedades altamente industrializadas y urbanizadas. En primer lugar, hay un énfasis en las posesiones en vez de en las personas. La gente se afana por comprar cosas que no necesita, con dinero que no tiene, al *tragar* la publicidad que insiste en que no puede vivir sin la velocidad o el lujo de cierto coche, la atracción de cierta prenda, o el placer que la última tecnología le proveerá para sus gustos musicales y visuales. La pareja que cultiva la unidad en su matrimonio sabe que no se trata de posesiones sino de personas.

En segundo lugar, el ser humano se ha despersonalizado y ha llegado a ser un simple número. El trabajo de muchos empleos se realiza en cadena. Luego, el producto que el hombre fabrica adquiere una importancia que supera a su creador. Y para colmo, sus mismos logros se convierten en el centro de su vida, y él, su creador, les sirve como un esclavo. ¿Cuántos hombres se han divorciado de manera figurada de su esposa para casarse con su computadora? El cónyuge que cultiva la unidad en su matrimonio descubrirá que la persona de su pareja adquiere una importancia cada día mayor.

Por último, existen pocas relaciones íntimas y personales. En la gran ciudad, en contraste con el pueblo, no conocemos a nuestros vecinos. Vivimos rodeados de centenares de personas, pero nos sentimos tremendamente solos. Y en realidad estamos solos. El ritmo de la vida ha aumentado de tal modo que es casi imposible establecer relaciones significativas. ¡No hay tiempo! Y las pocas amistades que se hacen parecen ser «de usar y tirar», como una lata de Coca Cola. Hay poco compromiso. Cuando la persona cree que su matrimonio deja de serle útil o conveniente, no le cuesta nada abandonarlo, echándolo a la basura como si fuese una lata de refresco.

Después de pronunciar en el versículo 18 las palabras «no es bueno», era de esperar que Dios procediese de forma directa a la creación de Eva. Sin embargo, siguió otra estrategia. En primer lugar, requirió que Adán diese nombres a todos los animales, probablemente con el propósito de convencer a Adán de su necesidad de compañerismo con otro ser humano (vv. 19, 20). Después proveyó una compañera para Adán (vv. 21, 24).

Hay dos posibles razones por las que Dios no permitió que Adán participara o estuviese consciente mientras creaba a Eva. En primer lugar, quería mostrar a Adán que no era superior a Eva. Si Adán hubiese tenido la más mínima parte en crear a Eva, se habría enfrentado con la tentación de considerarse superior a ella y propietario suyo. Empleando una interpretación alegórica[1] de las Escrituras, Agustín refleja esta idea al decir que «la mujer fue creada de la costilla del hombre: no de la cabeza para dominarla, ni de sus pies para ser pisoteada por él, sino de su costado, para ser igual a él, bajo su brazo para ser protegida, y cerca de su corazón para ser amada». Eva también fue creada a la imagen de Dios. Aunque de temperamento diferente, poseía todo lo que tenía el primer hombre, precisamente para serle una ayuda idónea. La mujer no es inferior al hombre, sino igual en cuanto a su valor intrínseco como ser humano.

Una segunda posible razón para no dejar que Adán participara en la creación de Eva era demostrar a las generaciones siguientes que una esposa es un regalo excepcional de Dios, alguien que sólo Dios es capaz de dar (Pr. 18:22). Es muy romántico pensar que hay una sola persona en todo el mundo capaz de suplir nuestra necesidad de compañerismo. Aunque no quieras decírselo a tu prometido o pareja, la realidad es que hay muchas personas que por sus características y personalidad encajarían perfectamente con nuestra forma de ser. Pero aun siendo éste el caso, nos quedamos con la tarea difícil de encontrar a una de esas personas. Necesitamos la dirección de Dios para encontrar a la persona que será la ayuda idónea para nosotros como compañera.

En este día de tanto énfasis sobre el sexo, es importante recordar que la necesidad más grande del ser humano no es el sexo, sino el compañerismo. Tan importante y fuerte es esta necesidad que cuando comienza a suplirse, una persona es capaz de cometer verdaderas locuras con tal de conservarlo. ¡Cuántas personas han tirado por la ventana un futuro prometedor, rechazando el consejo sabio de amigos y familiares, para casarse con alguien que no les merecía ni les convenía, sino que les trajo una vida repleta de problemas, sólo porque ese alguien les mostró un poco de atención y empezó a suplir su necesidad de compañerismo!

Durante la Revolución Francesa, en el siglo XVIII, muchos prisioneros políticos fueron encarcelados en la famosa prisión llamada La Vieja Bastilla. Fueron encarcelados en celdas, aislados de cualquier contacto con otras personas. Al final de la guerra, muchos de estos prisioneros se encontraban en un estado de idiotez. No es natural que un hombre viva solo; necesita el compañerismo de otras personas.

NOTAS

1. Rechazo el método alegórico de interpretación de las Escrituras por considerarlo desde el punto de vista hermenéutico defectuoso. Aunque en este caso el pensamiento de Agustín coincide con la enseñanza general de la Biblia sobre el respeto que el hombre debe mostrar hacia su esposa, la interpretación alegórica tiene la posibilidad, si no la tendencia, de llevar al intérprete a interpretaciones que dependen de la imaginación del intérprete en vez del texto bíblico.

CAPÍTULO 3

Los tres componentes
del matrimonio

࿇ఴ෴ఴ

En Génesis 2:24, Moisés enseña que el matrimonio cuenta con tres componentes: el acto público del compromiso matrimonial, el amor y el acto sexual. Cada uno de estos elementos es tan importante, que cuando uno de ellos falta o flaquea, los otros dos sufren consecuencias graves.

Tan importante es este texto que se repite cuatro veces en la Biblia, más que cualquier otro texto: Mateo 19:5, en el contexto del divorcio; Marcos 10:7, un pasaje paralelo de Mateo 19:5; Efesios 5:31, donde el matrimonio se describe como una ilustración de la relación que existe entre Cristo y la Iglesia; y por último en 1 Corintios 6:16, donde Pablo demuestra lo absurdo que es el adulterio. Hay sólo dos textos bíblicos que le pueden hacer la competencia a Génesis 2:24. A pesar de tratar el tema tan importante de la salvación del hombre, estos textos se repiten sólo tres veces. «Le fue contado por justicia» (Gn. 15:6) se repite en Romanos 4:3; Gálatas 3:16; y Santiago 2:23. «El justo por su fe vivirá» (Hab. 2:4) se repite en Romanos 1:17; Gálatas 3:11; y Hebreos 10:38.

«DEJARÁ EL HOMBRE» = EL ACTO PÚBLICO

Esta frase abarca todos los pasos legales que dos personas han de dar para ser consideradas por el gobierno del país en el que viven como casadas y miembros de una nueva familia. El acto más visible de todos esos trámites legales es la boda, ese acto público en el que el hombre y la mujer se comprometen antes de vivir juntos y disfrutar de todos los derechos y responsabilidades del matrimonio. A partir de la boda, los nuevos cónyuges cortan los lazos de dependencia psicológica y económica con sus padres, y se independizan para formar un nuevo hogar. Mientras que es probable que los padres ayuden económicamente a los recién casados por el gran amor que sienten por ellos, los nuevos cónyuges no dependen de tal ayuda.

Los elementos de los trámites legales varían de un país a otro. Lo importante no son los detalles, sino que la pareja llene los requisitos establecidos por el gobierno. Las Escrituras mandan obedecer a las autoridades civiles (Ro. 13:1).

Cuando Moisés escribió Génesis, era la mujer la que acostumbraba dejar su clan o tribu para unirse al círculo familiar de su marido, como en el caso de Rebeca en Génesis 24. Al citar al hombre en Génesis 2:24, en efecto, Moisés dice que el hombre también ha de cortar las líneas de dependencia de sus padres. Siempre que sea posible, es sabio que el nuevo matrimonio abandone geográficamente a sus respectivos padres, para tener la mayor libertad posible de crear su propio hogar sin la intromisión consciente o inconsciente de sus progenitores. Se podría esperar que la Biblia empezara con un enfoque más optimista y alentador. Pero la Palabra de Dios es muy práctica. Es muy fácil ceder ante la tentación de vivir bajo el mismo techo que los padres o suegros, con tal de evitar un alquiler más caro. Sin embargo, es aconsejable que los nuevos cónyuges abandonen a sus padres por mucho que los amen (Pr. 17:1), salvo en circunstancias excepcionales y puntuales.

Es lamentable que haya recién casados que, además de abandonar a sus padres, tengan que vigilarlos muy de cerca para que no destruyan su matrimonio. Algunos suegros son verdaderas joyas, mientras que otros representan un peligro para el nuevo matrimonio. Puesto que no están de acuerdo con el matrimonio de su hijo, se dedican de manera consciente o inconsciente a hacer todo lo posible para destruirlo. Otros padres están tan emocionalmente atados a sus hijos que son incapaces de soltarlos. El mejor regalo que los padres pueden dar a sus hijos son raíces y alas. Y muchas suegras consideran a su nuera como la rival por el amor de su hijo. Con frecuencia la raíz de este problema se encuentra en un marido que no ha dado a su esposa el amor que necesita. Pero un hijo nunca puede suplir la necesidad de amor que sólo su padre puede proveer a su madre.

Los hijos tienen la responsabilidad bíblica de cuidar a sus padres cuando no pueden cuidarse a sí mismos (1 Ti. 5:3-8). La otra cara de la moneda es que la relación matrimonial tiene preferencia sobre la paterna, especialmente al principio del matrimonio cuando los padres suelen encontrarse todavía en buen estado de salud.

¿Quién casa a la pareja: Dios, la iglesia local, el gobierno o la misma pareja? Decir que Dios casa a la pareja nos enfrenta con varias preguntas imposibles de contestar. ¿Bajo qué condiciones accede Dios a casar a quienes quieren unirse en matrimonio? ¿Casa sólo a creyentes? ¿Qué indicaciones objetivas y visibles existen para indicarnos que Dios en realidad ha casado a dos personas? No existe ningún texto claro que indique que Dios casa a las parejas. La frase: «lo que Dios juntó» (Mt. 19:6), dicho en el contexto de una consideración del divorcio, parece más bien un mandamiento a no despreciar o destruir la institución matrimonial, y no tanto una afirmación de que Dios casa a la pareja.

En la última parte del siglo xx la idea de que la pareja se casa a sí misma ha encontrado bastante aceptación entre muchos jóvenes. Puesto que son los dos enamorados quienes se comprometen el uno con el otro, argumentan que la pareja se casa a sí misma. De las cuatro posibles respuestas a la pregunta de quién casa a la pareja, ésta es la más peligrosa y menos válida. En primer lugar, porque el supuesto «compromiso» por parte de los dos enamorados no es ningún compromiso, sino sencillamente un acuerdo personal e informal de vivir juntos como si estuviesen casados. Como no les ha costado nada establecer dicho compromiso, tampoco encontrarán muchas dificultades en romperlo cuando tengan una pelea o desacuerdo que no puedan resolver. En segundo lugar, poquísimos gobiernos aprueban o fomentan esta forma de proceder por representar la antítesis del orden público. El hecho de que muchos gobiernos procuren normalizar la relación de aquellas parejas que han vivido juntos unos cuantos años, no significa que aprueban la forma en que estas relaciones comenzaron. Por cada pareja de éstas que logra mantenerse unida y producir un matrimonio *de facto,* hay muchísimas que fracasan y dejan atrás problemas que esos gobiernos tienen que resolver. Por último, no hay ningún texto que sugiera que la pareja se casa a sí misma, mientras que Romanos 13:1 sí dice claramente que hemos de obedecer a las autoridades civiles.

Otros afirman que la iglesia casa a la pareja. De nuevo, no hay ningún texto que lo afirme, ni existe ninguna insinuación o sugerencia que apoye esta posición.

A la luz de textos como Romanos 13:1, la conclusión más lógica es que el gobierno casa a la pareja, o aquellas personas e instituciones a quienes el gobierno ha delegado la autoridad de actuar como sus representantes. Para mantener el orden público, cada gobierno necesita saber quiénes son los padres de cada nuevo ciudadano, quiénes son los herederos de los bienes de dichos padres y a quiénes puede cobrar impuestos.

Si es el gobierno el que casa y no la iglesia, ¿de qué sirve una boda por la iglesia? ¿Están obligados los creyentes a celebrar su boda en una iglesia? No hay ningún mandamiento bíblico al respecto. Sin embargo, no por eso esta tradición deja de ser un acto muy significativo y aconsejable. Los creyentes creemos que casarse es la decisión más importante que un ser humano puede tomar, aparte de la decisión de depositar su confianza y fe en Cristo como su Salvador personal. Cuando los novios eligen celebrar su boda en una iglesia, en efecto piden a todos sus hermanos en la fe, su familia más importante en este mundo, que participen en esta decisión tan importante, escuchando el compromiso que se harán el uno al otro y pidiendo en oración junto con ellos la bendición de Dios sobre su matrimonio. En este día en que la institución del matrimonio recibe tantos ataques, le conviene a cada nueva pareja toda la oración y apoyo que se le pueda dar.

El amor sufre cuando falta el acto público

El verdadero amor se caracteriza por un compromiso que se muestra a través de una responsabilidad hacia el amado mediante un acto público. Si cualquiera de los dos se niega a pasar por el mismo, podría cuestionarse la profundidad de su compromiso hacia su pareja.

Mientras un certificado de matrimonio no puede producir ni garantizar un matrimonio feliz, nadie debe despreciar su gran valor como la *mayor garantía* que existe en este mundo, sin garantías absolutas, de que mi pareja está en realidad comprometida conmigo y que me será fiel. Se ha comprometido públicamente; compromiso mayor no existe. Para romper nuestro matrimonio, tendrá que quedar mal ante los ojos de la sociedad. De ahí la gran tragedia cuando una sociedad admite sin más la separación y el divorcio como normal.

En su libro sobre la vida sexual de la típica ama de casa norteamericana, la periodista Natalie Gittelson entrevistó a miles de esposas acerca de sus experiencias sexuales. Es curioso notar cómo estas mujeres, que no son discípulas de Cristo, repiten una y otra vez cuatro conclusiones que reflejan una ética bíblica. En primer lugar, el sexo sin amor es aburrido y no tiene sentido. En segundo lugar, el amor, no el sexo, es la clave de un matrimonio feliz. En tercer lugar, el verdadero hombre no es el que brilla en la *cama,* sino el que se destaca por su *carácter*: sabe ser responsable, tomar decisiones, ser tierno, cumplir con su palabra, etc. Por último, el verdadero amor incluye una entrega, un compromiso que se muestra a través de un contrato para ser válido. O sea, un certificado de matrimonio.[1]

El acto sexual sufre cuando falta el acto público

El acto sexual fuera del matrimonio no está protegido por la sociedad. Ningún gobierno apoya ni promueve la promiscuidad y el desorden sexual debido a los problemas que éstos producen: hijos abandonados, madres solteras, enfermedades de transmisión sexual, delincuencia juvenil, etc. Los gobiernos democráticos soportan la promiscuidad porque les es imposible eliminarla.

«SE UNIRÁ» = EL AMOR

Las palabras «se unirá» en hebreo quieren decir literalmente «pegarse a, adherirse a, agarrarse a». Es como juntar dos hojas de papel con pegamento; al separarlas se rompen. No hay separaciones ni divorcios que no destrocen la vida de los cónyuges y sus hijos.

Génesis 2:24 fue escrito por Moisés muchos siglos después de la caída y representa su comentario en cuanto al esfuerzo que tienen que hacer un hombre y su esposa para permanecer juntos y unidos. El pecado siempre separa a las personas en vez de unirlas. Para mantenerse juntos los cónyuges tendrán que hacer un esfuerzo, aplicando mucho pegamento a su relación. En efecto, Moisés dice: «por tanto *en este día* un hombre ha de agarrarse a su mujer para quedarse unido a ella.» El pecado crea un deseo falso de esa clase de individualismo que es destructivo y egoísta.

Cada cónyuge ha de colocar a su pareja en una posición de importancia por encima de su trabajo, sus padres, y cuando lleguen, por encima de su hijos. Se ha comprobado que la mayoría de los hombres que cometen adulterio lo hacen después del nacimiento del primer hijo. Al prestar tanta atención a su primer hijo, la nueva madre olvida sus responsabilidades hacia su marido.

El sexo sufre cuando falta el amor

El sexo en su sentido más puro es una expresión del amor. Cuando falta el amor, el sexo no tiene sentido, no da plena satisfacción. Cuando una pareja se pelea, lo último que tiene ganas de hacer es «hacer el amor».

Sin la unidad, la meta principal del matrimonio, el sexo no tiene significado. En el Antiguo Testamento se usan tres palabras o frases para describir el acto sexual. Sólo la última refleja el significado supremo del acto sexual: la expresión máxima de la unidad que existe entre dos cónyuges.

La primera es *«llegarse a»* y conlleva la idea del sexo sólo para la procreación. Abraham «se llegó a Agar» (Gn. 16:1-4). La segunda es *«dormir con, acostarse con»*. Es el sexo sólo como un acto biológico o físico. No existe ninguna relación espiritual o emocional. Es una comunicación vacía en todos los sentidos y a todos los niveles, una falsificación de lo verdadero. La esposa de Potifar quiso acostarse con José (Gn. 39:7, 10, 14); David se acostó con Betsabé (2 S. 13:4); Amnón se acostó con Tamar (2 S. 13:14, 15).

Por último, encontramos la palabra *«conocerse»*, la que expresa la idea de dos seres comunicándose, no sólo a un nivel físico, sino también emocional. La relación física sirve como la expresión cumbre de una relación total. Adán conoció a Eva (Gn. 4:1). Un director de cine pornográfico puede duplicar las imágenes visuales y los sonidos del sexo verdadero, pero es incapaz de producir esa libertad, esa sensación de satisfacción y plenitud que el conocerse da a un matrimonio. Esa satisfacción se da en un hogar, no en un burdel.

El acto público sufre cuando falta el amor

Cuando una pareja se encuentra en dificultades o crisis, suelen considerar su certificado de matrimonio como un simple «trozo de papel» y su boda como un simple recuerdo bonito. En su frustración, muchos atacan a la institución matrimonial y en particular al acto público, ya que éste es la expresión más visible del matrimonio. Otros llegan a afirmar que el matrimonio es malo al opinar que esclaviza a la persona. En realidad, atacan el compromiso que conlleva el acto público que evidentemente esclaviza al cónyuge en el sentido de obligarlo a cumplir con los compromisos que adquirió al casarse.

El éxito matrimonial se lanza con un compromiso, se sostiene por la disciplina y se evalúa por su capacidad de hacer de dos seres humanos, personas mejores de lo que eran antes de entrar en el matrimonio. El mundo está totalmente en contra. Se resiste a cualquier compromiso que no sea conveniente de manera personal. Se burla de la disciplina. Prefiere dar rienda suelta a sus impulsos. Es egoísta por completo. Prefiere acumular cosas en vez de desarrollar personas.

«UNA SOLA CARNE» = EL ACTO SEXUAL

En 1 Corintios 6:15, 16, Pablo interpreta la frase «una sola carne» como una referencia al acto sexual. El coito es mucho más que la unión de dos cuerpos: es la entrega de todo nuestro ser a otra persona. Este argumento es uno de los tres que Pablo emplea en 1 Corintios 6:13-20 en contra de la inmoralidad. El acto sexual de un hombre con una prostituta es sinónimo de y equivale a la entrega de su ser a ella (vv. 15-17). A pesar de que la opinión popular dice que el acto sexual con una prostituta es sólo algo físico, el apóstol Pablo insiste en que los dos han llegado a ser «una sola carne». «El acto sexual no puede tener un significado para una persona y otro significado para otra. No es un símbolo que nosotros llenamos con significado según nuestra elección o según nuestra edad y circunstancias sociales. Ya tiene un significado. En otras palabras, la persona que se ha entregado sexualmente tiene menos de sí mismo para entregar al amor de su vida.»[2]

C. S. Lewis, el filósofo evangélico, recoge el verdadero significado e importancia del acto sexual en su libro *Cartas del diablo a su sobrino*. Satanás está aconsejando a uno de sus ángeles novatos sobre la mejor estrategia para vencer a los creyentes. «El Enemigo describió a la pareja casada como "una sola carne". No dijo "una pareja felizmente casada", ni "una pareja que se casó porque estaba enamorada", pero se puede conseguir que los humanos no tengan eso en cuenta. También se les puede hacer olvidar que el hombre que llaman Pablo no lo limitó a las parejas *casadas*. Para él, la simple copulación da lugar a "una sola carne". De esta forma, se puede conseguir que los humanos acepten como elogios retóricos del "enamoramiento" lo que eran, en realidad, simples descripciones del verdadero significado de las relaciones sexuales. Lo cierto es que siempre que un hombre yace con una mujer, les guste o no, se establece entre ellos una relación trascendente que debe ser eternamente disfrutada o eternamente soportada.»[3]

El amor sufre cuando falta el sexo

Mientras el sexo no produce el amor, hay que reconocer que el cónyuge que ama a su pareja, pero no lo expresa físicamente, perjudica el amor que sí existe. Aunque el sexo no produce el amor, el sexo sí es capaz de alimentar y renovar el amor.

El acto público sufre cuando falta el sexo

La mayoría de los gobiernos consideran el acto público de compromiso matrimonial como nulo si la pareja no lo consuma con el acto sexual. El cónyuge que huye del acto sexual demuestra que carece de un entendimiento correcto del mismo.

Notas

1. Gittelson, Natalie. *The Erotic Life of the American Housewife* (Nueva York: Dell Publishing Co., 1972).
2. Stafford, Tim. «Great Sex: Reclaiming a Christian Sexual Ethic», *Christianity Today* (2 de octubre de 1987), p. 32.
3. Lewis, C. S. *Cartas del diablo a su sobrino* (Madrid: Ediciones Rialp, S.A., 1994), p. 87.

Parte II

Cómo elegir la pareja

CAPÍTULO 4

Bases inadecuadas para la elección de la pareja

❦❦❦

*N*o es preciso casarse para ser feliz. Sin embargo, la gran mayoría de las personas guardan la ilusión de poderse casar algún día. Es lamentable que sobre esa ilusión planee la sombra de un número creciente de matrimonios que acaban en separación o divorcio, creando dudas en cuanto a la posibilidad de forjar un matrimonio que valga la pena.

La lista de las cosas que provocan tantos fracasos matrimoniales incluye una falta de metas claras y acertadas, unas expectativas irrealistas en cuanto a lo que la vida conyugal aporta y la inmadurez de los casados. Pero la causa que más culpa tiene, o que al menos ocupa uno de los primeros puestos de la lista de razones, es la de no elegir una pareja idónea.

Al tomar una decisión tan importante como la de elegir una pareja de por vida, es importante que haya unos criterios acertados. Igual que un diamante brilla al máximo cuando se coloca sobre un terciopelo de color negro, para poder apreciar de forma debida el único fundamento firme que existe para la elección correcta de la pareja, miraremos primero unas bases inestables e inadecuadas. Aunque estos criterios no son malos en sí mismos, y aunque juegan un papel legítimo e importante en el proceso de elegir la pareja, son totalmente incapaces de servir como la motivación principal de dicha elección.

UNA GRAN NECESIDAD DE COMPAÑERISMO

Todos los seres humanos nacen con la necesidad de compañerismo. Durante la infancia y la niñez de cada persona, el plan de Dios es que los padres provean para el niño todo el amor, seguridad y compañerismo que le hace falta. Luego, cerca de los cinco años, el niño entra en una segunda etapa de su desarrollo en el que empieza a disfrutar de la compañía de otras personas, en particular las de su mismo sexo, aunque no abandona por completo a sus padres. Poco después los niños entran en una etapa en la que consideran a las niñas como monstruos, si es que se han dado cuenta de que existen.

MATRIMONIO
Amigos sexo opuesto
Amigos mismo sexo
Padres

Por último, entre los 12 a 15 años de edad, el joven empieza a fijarse en el sexo opuesto. Las chicas suelen llegar a este momento antes que los chicos. Durante la llamada «edad del pavo» se deleitan en cazar el alma tierna de los muchachos. El joven no deja por completo a sus padres, pero cada día es más evidente que se encuentra en ese proceso de independizarse de ellos. Es un tiempo de transición muy delicado para los padres. Mientras su hijo todavía los necesita, preferiría que no fuese así. Cualquier intento por parte de los padres de frenar este proceso es capaz de provocar una rebelión violenta por parte de su hijo o un estancamiento en su intento de descubrir su propia identidad.

La meta de Dios en cada una de estas tres etapas es preparar a la persona para el matrimonio: la relación más íntima que existe en la vida. Es lamentable que haya niños cuyos padres no les dan el amor que necesitan por estar separados o divorciados, por ocuparse demasiado de su empleo y otros intereses, o por considerar a sus hijos un estorbo. Cuando a un niño no se le da el amor que necesita durante la primera etapa de su vida, suele tener dificultades en la etapa siguiente para relacionarse con niños de su propio sexo. Si la falta de amor no se resuelve durante esta segunda etapa, el joven tendrá problemas para relacionarse con personas del sexo opuesto durante la tercera etapa.

Esta falta de amor produce en la persona una necesidad de compañerismo más allá de lo normal. La mayor tentación de estas personas es la de tener mucha prisa para encontrar novio, y luego casarse, en un intento inconsciente de llenar el vacío de sus vidas con el compañerismo que el matrimonio les promete. Quienes hacen de su gran necesidad de compañerismo la base de la elección de la pareja se encontrarán con varios problemas serios. En primer lugar, el de la precipitación, escogiendo a la primera persona que les presta un poco de atención y amor. Por regla general, ese primer flechazo no es el mejor candidato como pareja de por vida.

Luego, para ganar o mantener el compañerismo que la amistad provee, a veces permiten favores sexuales que en otras circunstancias nunca habrían concedido. De manera especial, las jóvenes suelen ser propensas y vulnerables ante esta trampa. El precio que pagan por el compañerismo es altísimo. Una vez que la necesidad de compañerismo empieza a ser suplida, el ser humano es capaz de cometer verdaderas locuras con tal de conservarla.

En tercer lugar, al precipitarse, estas personas cortan en seco el desarrollo de su personalidad en áreas que son muy importantes en el matrimonio. Por ejemplo, el entender y saber relacionarse con el sexo opuesto. La persona que carece del amor paternal suele tener dificultades para relacionarse con las demás, en especial con las del sexo opuesto. Para apreciar las diferencias de enfoque entre los sexos, hace falta cultivar una amistad sana con más de una persona de otro sexo. Precipitándose, el joven casi elimina el tiempo que necesita para independizarse emocionalmente de sus padres, ser responsable como adulto, y entenderse y apreciarse a sí mismo. Si no se entiende ni se aprecia a sí mismo, ¿cómo va a entender y apreciar a su pareja?

El matrimonio requiere que los cónyuges sean maduros en lo que al desarrollo de su personalidad se refiere. Si el cónyuge no sabe quién es, cuál es su papel en la vida y para qué sirve, la tarea de llegar a ser uno con su pareja se convertirá en una montaña casi imposible de conquistar. Descubrirá que «ha saltado de la sartén al fuego». No sólo el matrimonio no resolverá su problema de inmadurez, sino que se convertirá en un problema adicional.

Mientras que algunos tienen prisa por casarse, otros huyen del matrimonio en un intento de evitar los problemas conyugales que observaron en el matrimonio de sus padres. Como están en una edad en que sus deseos sexuales son particularmente fuertes, suelen tener relaciones sexuales con amigos o amigas, un acto que las Escrituras definen y condenan como fornicación.

En muchos sentidos nuestro concepto del matrimonio, tanto nuestras ilusiones como nuestros temores e ideas equivocadas, comienza a formarse cuando nacemos, partiendo del modelo que nos dan nuestros padres. Llevamos a nuestros progenitores «en el bolsillo» toda nuestra vida. Por eso, el mejor regalo que un padre puede dar a sus hijos, con respecto a su matrimonio futuro, es amar a su propia esposa y así enseñarles a tener una relación íntima con otra persona.

LA BELLEZA EXTERIOR

Dar una importancia excesiva a la belleza exterior es un problema propio de los hombres. Por regla general, las mujeres suelen fijarse primero en la persona del varón y luego en su físico, mientras que los hombres son atraídos primero por la belleza exterior de una mujer y sobre la marcha llegan a apreciar sus virtudes como persona.

La belleza exterior es un fundamento muy pobre y poco fiable cuando se trata de elegir la pareja. En primer lugar, porque la belleza interior, la cual se ve mediante la personalidad, los gustos, las aspiraciones, las costumbres, los modales y hasta ciertas idiosincrasias, es mucho más importante que la belleza exterior. Es lícito y normal que un hombre inicie una relación con una mujer basándose de la belleza exterior. Pero si no es capaz de mirar más allá de ella y detectar si existe o no una hermosura interior, correrá el peligro de casarse con una mujer físicamente bonita, sólo para descubrir después de la boda que su belleza física era una simple fachada. Más de un hombre ha llegado a odiar la belleza exterior de su esposa porque le sirvió de engaño.

Una segunda razón para considerar la belleza exterior como una base muy inestable es que un énfasis exagerado sobre ella puede llevar a un hombre a pecar. Los terribles pecados de adulterio y asesinato por parte de David comenzaron cuando se fijó detenidamente en la belleza de Betsabé (2 S. 11:2; Pr. 6:25, 26).

Por último, la belleza exterior no dura para siempre. Sin embargo, la mujer que cultiva una hermosura interior descubrirá que su marido apreciará cada día más su belleza exterior, viendo cosas en cada arruga de su cara que no veía durante los primeros años de su matrimonio. Esa cara adquirirá más belleza con los años.

Puesto que los hombres tienden a apreciar la belleza exterior de una mujer hasta la exclusión de otros valores, encontramos en las Escrituras textos como Proverbios 31:30 y 1 Pedro 3:3, 4, que no menosprecian la belleza exterior, sino que le restan una importancia que no tiene. En estos dos textos los autores emplean «el absoluto por el relativo», un modismo hebreo que consiste en hacer una declaración absoluta (la cual emplea palabras como «no, nunca, siempre, todos»), yendo al otro extremo, con el propósito de llevar al lector a una posición más equilibrada. Entendidos de manera literal, estos textos dan a entender que la belleza es mala. Aunque Pedro emplea una declaración absoluta («vuestro atavío *no* sea el externo»), quiere que le entendamos de forma relativa. O sea, que la belleza exterior es interesante y tiene cierto valor, pero que no es tan importante como la hermosura interior.

Esta enseñanza bíblica es toda una advertencia a las jóvenes que son físicamente atractivas; les conviene recordar que la belleza interior es mucho más importante. También es un consuelo y un estímulo para las mujeres que no se consideran a sí mismas físicamente atractivas. La hermosura interior, algo que se puede cultivar, es mucho más importante.

La belleza exterior no es mala, ni es pecado el apreciar la belleza de una mujer. Tampoco es vano el hombre que se casa con una mujer físicamente atractiva. Pero no puede servir como la base de una elección de la pareja.

EL AMOR ROMÁNTICO

El amor romántico es necesario, legítimo, imprescindible y muy deseable tanto en el matrimonio como en el noviazgo. En realidad, casi todas las relaciones que luego resultan en un buen matrimonio, comenzaron con un amor romántico. Sin esto, la relación llega a ser como una botella de Coca Cola que se ha dejado destapada todo el día. Ya no hay chispa, no hay vida, falta algo.

Pero por muy importante y legítimo que sea el amor romántico, no deja de contar con un gran problema. Se basa de forma exclusiva en las emociones, las cuales están afectadas por eventos sobre los cuales tenemos poco o ningún control: si llueve o hace sol; si otras personas se portan como yo creo que deberían; si el tren llega a la hora prevista; etc. Las emociones sufren altibajos constantemente. ¡Menuda base para una decisión tan seria como la elección de la pareja!

El amor romántico suele ser sinónimo de enamorarse locamente de una persona, aunque se conozca muy poco de ella. «Si sólo te tuviera a ti, podría conquistar el mundo. Eres la única estrella de mi cielo, la flor más bella del mundo. No puedo vivir sin ti.» ¡Y la chica se lo cree!

Hacer del amor romántico un criterio para casarse con Loida en vez de con Marta, es sumamente peligroso. En el matrimonio, el amor romántico no conlleva consecuencias tan serias. Si el marido, al acostarse muy tarde la noche anterior no besa de manera efusiva a su esposa la mañana siguiente, ella lo entenderá. Pero decidir casarse con alguien basándose de forma exclusiva en el amor romántico con frecuencia resulta un gran error.

EL VERDADERO AMOR

Si tuviésemos que limitarnos a un solo culpable del fracaso que muchos matrimonios experimentan, pocos dudarían en señalar la falta de amor verdadero. Pocos dudan de la absoluta necesidad de que haya verdadero amor para que una relación entre dos personas prospere, en especial en la relación más íntima de la vida, el matrimonio.

En comparación con el amor romántico, el verdadero amor cuenta con una serie de ventajas que superan con creces las delicias del amor romántico.

Amor romántico	Amor verdadero
Ocurre de repente, sin aviso. Es un simple flechazo.	Crece de forma progresiva. Requiere y toma su tiempo, no tiene prisa. Se basa en una decisión de la voluntad, no en las circunstancias o emociones.
Produce poco cambio en la persona sobre la marcha.	Provee una relación que produce un cambio en las personas.
Puede brotar al conocer sólo unas cuantas características de la otra persona.	Quiere y necesita conocer todo lo que pueda de la otra persona y quiere ser conocido de igual forma.
Es egocéntrico y utiliza al otro como un medio para conseguir un fin. Se porta como un niño cuando no consigue lo que quiere.	Es otrocéntrico y busca maneras de servir al otro. Tiene más interés en dar que en recibir.
Curiosamente, considera al otro como separado de él a pesar de su unión emocional.	Siente una verdadera identificación con la otra persona.
No hay seguridad en cuanto a su relación, la que se basa en la fantasía y en los sueños.	Existe un verdadero sentido de seguridad, puesto que la relación se basa en un conocimiento del otro, en el que la confianza, el amor y el afecto crecen, maduran y se fundamentan en la realidad.
Muchas veces se basa de manera exclusiva en lo físico.	Se basa en otros aspectos también, tanto en lo emocional, en lo intelectual y en lo espiritual como en lo físico.
Considera al otro como perfecto, ideal, sin mancha.	El otro, aunque tiene sus fallos, merece mi respeto y amor.

Sin embargo, a pesar de ser tan necesario, loable y noble en sí, hasta el verdadero amor cuenta con grandes problemas cuando se trata de hacer de él la base para elegir la pareja. En primer lugar, el verdadero amor puede ser nada más y nada menos que el resultado de haber pasado mucho tiempo con alguien. Uno puede enamorarse de la persona que sea, siempre y cuando pase tiempo suficiente con ella. La necesidad de compañerismo es tan fuerte, que tarde o temprano uno descubrirá algo que le plazca y le atraiga. Y lo único que habrá demostrado es que es un ser humano con una necesidad de compañerismo, como todos los demás.

En segundo lugar, es posible amar a una persona que Dios nos ha prohibido como pareja. Salomón «amó» a muchas mujeres que Dios había prohibido como esposas para los judíos (1 R 11:1-4). Por ser humano, un creyente es capaz de enamorarse de un no creyente y casarse con él o con ella, algo que las Escrituras prohíben. En este caso el verdadero amor choca de manera frontal con los deseos divinos, demostrando que éste no puede servir como base para la elección de la pareja. Dios no nos llama a casarnos con la persona que amamos, pero sí nos manda que amemos a la persona con quien nos hemos casado.

En tercer lugar, Dios permite sólo una esposa por hombre. Salomón «amó» a muchas mujeres a la vez. Se puede discutir qué clase de amor representaba, pero lo claro es que Dios permite sólo una esposa por hombre.

La última razón para considerar el verdadero amor como una base muy inestable para la elección de la pareja es que se puede amar a una persona sin convivir con ella. Hay muchos matrimonios que se aman, sin embargo, pelean constantemente. No es válido decir que si en realidad se amaran, podrían convivir. El amor es algo dinámico; es capaz de crecer o flaquear. Además, el amor no se trata de todo o nada. Un hombre puede amar a su esposa, proveer para sus necesidades y serle sexualmente fiel, pero no saber hablarle sin acabar en una pelea verbal con ella. Por no haber trabajado con su habilidad de hablar, dialogar y comunicarse con su esposa, no deberíamos poner en duda todos los demás aspectos de su vida en la que muestra a su esposa verdadero amor.

CAPÍTULO 5

La única base firme

~~~~~

$\mathcal{U}$na gran necesidad de compañerismo, la belleza exterior, el amor romántico y el amor verdadero son cosas buenas, necesarias y legítimas en sí. Como las plantas del edificio de la elección de la pareja, resultan una gran bendición. En el momento en que actúan como el fundamento o los cimientos, todo el edificio se viene abajo y se convierten en una maldición.

Lo que hace falta es una base que no nos haga perder a esa persona idónea, como es el caso con una gran necesidad de compañerismo; que no disminuya con los años ni nos engañe, como la belleza exterior; que no esté basada en las emociones como el amor romántico, sino en la realidad; y que nos dé el poder de convivir con nuestra pareja, cosa que no siempre es el caso con el verdadero amor.

La voluntad de Dios es la única base que nos permite evitar los problemas de las bases inadecuadas y a la vez, dejarnos disfrutar de los elementos positivos de las mismas. La voluntad de Dios nos asegura una elección acertada de la pareja y nos prepara el camino para un matrimonio feliz. Las Escrituras señalan la voluntad de Dios como la única base firme para la elección de la pareja a través de dos énfasis.

ÉNFASIS DEL ANTIGUO TESTAMENTO SOBRE LA GUÍA DE DIOS

Jeremías 10:23 afirma que nadie es capaz de dirigir sus propios pasos. «Conozco, oh Jehová, que el hombre no es señor de su camino, ni del hombre que camina es el ordenar sus pasos.» A la hora de elegir la pareja, el soltero tiene dos grandes impedimentos. No sólo carece por completo de una experiencia matrimonial, sino que tiene sólo «una bala en su pistola» y ha de dar en la diana en la elección de la pareja con su primer y único «disparo», sin haber practicado el tiro antes. El Antiguo

Testamento está repleto de textos en los que Dios reclama el derecho y expresa su deseo de guiar a sus hijos (Sal. 5:8; 23:2; 27:11; 48:14; 139:24; Pr. 3:5, 6; Is. 58:11; etc.). Son muy pocos los textos en el Nuevo Testamento que usan palabras sinónimas del concepto de *guía* (cp. Ro. 8:14).

ÉNFASIS DEL NUEVO TESTAMENTO SOBRE EL SEÑORÍO DE CRISTO

Además de ser nuestro Salvador, Cristo es el Señor, y reclama el derecho de mandar en nuestra vida (1 Co. 6:19, 20). Al hablar de la voluntad de Dios nos referimos a una actitud de parte del creyente que dice: «Señor, ¿qué quieres que haga?» No es que nuestros deseos no cuenten o que debemos anular nuestra mente, sino que siempre debemos dar preferencia y prioridad a la voluntad de Dios por encima de nuestros deseos. Incluye tanto el acto de pedir su guía como una actitud diaria de sumisión a los deseos divinos.

Dios nos comunica su voluntad a través de las Escrituras, la dirección del Espíritu Santo que mora en cada creyente y el sentido común frente a las circunstancias de la vida. Mientras que es imprescindible que el creyente pida que Dios le guíe, la oración es el acto de hablar con Dios. En este capítulo nos interesa saber cómo Dios nos hablará a nosotros, y cúales serán las fuentes que usará para comunicarnos su voluntad.

LAS ESCRITURAS

De las tres fuentes, la Palabra de Dios es la más importante y la primera que hemos de consultar. Aunque la Biblia no nos dará todos los detalles, pondrá dos grandes verdades en la base de nuestra elección de la pareja.

El creyente ha de casarse sólo con otro creyente

La enseñanza bíblica al respecto es clarísima: el creyente ha de casarse sólo con otro creyente. Este mandamiento no se encuentra en un texto aislado u oscuro, sino a lo largo de todas las Escrituras. Esta enseñanza se dio a los israelitas en cada etapa de su desarrollo en el Antiguo Testamento.

Antes de llegar a Cades-barnea. «Porque no te has de inclinar a ningún otro dios, pues Jehová, cuyo nombre es Celoso, Dios celoso es. Por tanto, no harás alianza con los moradores de aquella tierra; porque fornicarán en pos de sus dioses, y ofrecerán sacrificios a sus dioses, y te invitarán, y comerás de sus sacrificios; o tomando de sus hijas para tus hijos, y fornicando sus hijas en pos de sus dioses, harán fornicar también a tus hijos en pos de los dioses de ellas» (Éx. 34:14-16).

Antes de entrar en la tierra prometida. «Cuando Jehová tu Dios te haya introducido en la tierra en la cual entrarás para tomarla, y haya echado de delante de ti a muchas naciones ... siete naciones mayores y más poderosas que tú, y Jehová tu Dios las haya entregado delante de ti, y las hayas derrotado, las destruirás del todo; no harás con ellas alianza, ni tendrás de ellas misericordia. Y no emparentarás con ellas; no darás tu hija a su hijo, ni tomarás a su hija para tu hijo» (Dt. 7:1-3).

Después de conquistar la tierra prometida. «Guardad, pues, con diligencia vuestras almas, para que améis a Jehová vuestro Dios. Porque si os apartareis, y os uniereis a lo que resta de estas naciones que han quedado con vosotros, y si concertareis con ellas matrimonios, mezclándoos con ellas, y ellas con vosotros, sabed que Jehová vuestro Dios no arrojará más a estas naciones delante de vosotros, sino que os serán por lazo, por tropiezo, por azote para vuestros costados y por espinas para vuestros ojos, hasta que perezcáis de esta buena tierra que Jehová vuestro Dios os ha dado» (Jos. 23:11-13).

Durante el período de los reyes. «Pero el rey Salomón amó, además de la hija de Faraón, a muchas mujeres extranjeras, ... gentes de las cuales Jehová había dicho a los hijos de Israel: No os llegaréis a ellas, ni ellas se llegarán a vosotros; porque ciertamente harán inclinar vuestros corazones tras sus dioses. A éstas, pues, se juntó Salomón con amor. Y tuvo setecientas mujeres reinas y trescientas concubinas; y sus mujeres desviaron su corazón. Y cuando Salomón era ya viejo, sus mujeres inclinaron su corazón tras dioses ajenos, y su corazón no era perfecto con Jehová como el corazón de su padre David» (1 R. 11:1-4).

Después de la cautividad babilónica. «Vi asimismo en aquellos días a judíos que habían tomado mujeres de Asdod, amonitas, y moabitas; y la mitad de sus hijos hablaban la lengua de Asdod, porque no sabían hablar judaico, sino que hablaban conforme a la lengua de cada pueblo. Y reñí con ellos, y los maldije, y herí a algunos de ellos, y les arranqué los cabellos, y les hice jurar, diciendo: No daréis vuestras hijas a sus hijos, y no tomaréis de sus hijas para vuestros hijos, ni para vosotros mismos. ¿No pecó por esto Salomón, rey de Israel? Bien que en muchas naciones no hubo rey como él, que era amado de su Dios, y Dios lo había puesto por rey sobre todo Israel, aun a él le hicieron pecar las mujeres extranjeras. ¿Y obedeceremos a vosotros para cometer todo este mal tan grande de prevaricar contra nuestro Dios, tomando mujeres extranjeras?» (Neh. 13:23-27).

Cuando un creyente se casa con un inconverso, por regla general es el creyente el que deja su fe para unirse a la de su pareja, no el inconverso el que se convierte al Evangelio.

Esta enseñanza no se limita al Antiguo Testamento. En 1 Corintios 7:39 Pablo plantea la cuestión de si una viuda tiene derecho a casarse de nuevo. Afirma que «es libre para casarse con quien quiera, con tal que sea en el Señor». Las frases «en Cristo» y «en el Señor» se refieren a una persona que sea creyente, que esté en unión con Cristo (cp. 2 Co. 5:17).

Segunda de Corintios 6:14-16 no cita el matrimonio ni ninguna otra relación en concreto, pero expone el principio de que el creyente no debería entrar en ninguna relación íntima con un no creyente. «No os unáis en yugo desigual con los incrédulos; porque ¿qué compañerismo tiene la justicia con la injusticia? ¿Y qué comunión la luz con las tinieblas? ¿Y qué concordia Cristo con Belial? ¿O qué parte el creyente con un incrédulo? ¿Y qué acuerdo hay entre el templo de Dios y los ídolos? Porque vosotros sois el templo del Dios viviente.» En cualquier lista de posibles relaciones íntimas, el matrimonio tendría que encabezarla ya que representa la relación más íntima que existe en la experiencia humana. Luego, se podría hablar de asociaciones en los negocios, etc.

Si la meta primordial del matrimonio es la unidad, el «llegar a ser uno», ¿cómo puede un creyente ser uno con un no creyente? Nota las palabras en este texto que corresponden al concepto de la unidad: «compañerismo, comunión, concordia, parte, acuerdo». El que se casa con un no creyente gana a Satanás como suegro.

Es verdad que el creyente casado con un inconverso puede lograr cierta unidad a nivel intelectual, emocional y físico. Pero si un matrimonio mixto no es uno en su vida espiritual, el área más importante de la vida de un ser humano, nunca logrará esa unidad que una pareja de creyentes tiene la posibilidad de conseguir. Luego, la falta de unidad a nivel espiritual afectará de forma negativa todas las demás áreas de su matrimonio.

El creyente ha de casarse con aquel creyente a quien Dios le ha guiado

El hecho de que el creyente se case con otro creyente no es garantía de que tendrá un matrimonio feliz. Dios ha de guiarlo hacia la persona idónea para él. Génesis 24, el capítulo más largo del primer libro de la Biblia, trata precisamente la cuestión de la guía de Dios en la elección de la pareja. En los versículos 12-14, el siervo de Abraham se dirige hasta donde se encuentran las mujeres. Dios espera que tomemos la iniciativa de «pescar». Nuestra pareja no descenderá milagrosamente del cielo. Al mismo tiempo Dios toma sobre sí la responsabilidad de guiar al creyente, un énfasis que encontramos tres veces en este capítulo (vv. 21, 27, 48).

El siervo de Abraham pidió una señal de Dios (vv. 12-14). El joven que busca a su media naranja haría bien en no meter a Dios en un aprieto, exigiéndole señales caprichosas. Los únicos creyentes del Antiguo Testamento que pidieron señales, el siervo de Abraham y Gedeón, no tenían las mismas ventajas que el creyente de hoy: la plena revelación del Nuevo Testamento, la morada permanente del Espíritu Santo en sus vidas, etc. Hoy día, en vez de representar una señal de madurez espiritual, el pedir esta clase de señales es una indicación de inmadurez. Lo peligroso de muchas supuestas señales de Dios es que son simples coincidencias que desvían al creyente para tomar decisiones muy equivocadas.

Rebeca era una mujer muy hermosa (v. 16). Aunque la belleza exterior no es una base fiable a la hora de elegir la pareja, la voluntad de Dios no elimina la posibilidad de casarse con una mujer físicamente atractiva.

EL ESPÍRITU SANTO

El Espíritu Santo guía a los que pertenecen a Cristo (Ro. 8:14). No nos habla en voz audible, ni con relámpagos del cielo, sino que da testimonio al espíritu del creyente, de la misma forma que lo convence de que es hijo de Dios (v. 16).

Como el Espíritu Santo habla al espíritu del creyente con una voz interior e inaudible, éste corre el peligro de atribuir al Espíritu Santo lo que en realidad es una inclinación de su corazón engañoso (Jer. 17:9). ¿Cómo puede el creyente distinguir entre estas dos voces? En primer lugar, el Espíritu Santo nunca guiará al creyente en contra de lo que le ha dicho en las Sagradas Escrituras. Dios no se contradice a sí mismo. Nunca le guiará a casarse con un no creyente. En segundo lugar, hay paz en el corazón del creyente cuando anda de acuerdo con la voluntad de Dios (Col. 3:15; Ro. 14:23). El andar sin paz es caminar fuera de la voluntad de Dios.

EL SENTIDO COMÚN FRENTE A LAS CIRCUNSTANCIAS DE LA VIDA

De las tres maneras en que Dios nos comunica su voluntad, ésta es la que parece menos espiritual. Por eso, muchos creyentes sinceros menosprecian esta fuente tan importante. Otros ignoran el sentido común por tener un enfoque equivocado del valor de la mente humana. Sin embargo, el sentido común es una de las tres patas del trípode de la guía de Dios. Si falta esta pata, la supuesta guía divina que el creyente cree haber recibido con toda probabilidad no es otra cosa que una fantasma al carecer de información suficiente. Hay dos enseñanzas bíblicas que apoyan el sentido común como una parte importante de la guía de Dios.

La soberanía de Dios

Dios es soberano, y en su soberanía *permite* que ciertas circunstancias y eventos ocurran. En la mayoría de los casos no elige intervenir para salvar la situación, ni siquiera en el caso de sus hijos. En su soberanía, es capaz de sacar provecho para la experiencia de sus hijos de las situaciones más trágicas. En otros casos, *controla y manipula* ciertos eventos para conseguir sus fines. En ambos casos, su mano está sobre la vida de los suyos (Sal. 31:15). De ahí que podemos considerar las circunstancias de la vida como parte de la guía de Dios.

La renovación de la mente del creyente

Cada ser humano ha sido creado a la imagen de Dios. Entre otras cosas, esa imagen consiste en la capacidad de pensar, evaluar datos y llegar a conclusiones lógicas. Con la caída, sin embargo, el pecado mermó, manchó y destrozó la capacidad del hombre de pensar correctamente. Su evaluación de los datos y las conclusiones a las que llega no siempre son sinónimas de la mente y evaluación divina.

Cuando una persona se convierte a Cristo, el Espíritu Santo comienza la labor de recuperar la imagen de Dios en ella. En cuanto a la capacidad intelectual del nuevo creyente, el Espíritu Santo renueva su mente de forma progresiva (Ro. 12:2; Ef. 4:23). En este proceso, el Espíritu Santo le ayuda a pensar cada día más como Dios piensa y de ver las cosas como Él las ve. El propósito de Dios en renovar la mente del creyente *es que la use*. Una mente renovada no es un sustituto de la guía de Dios, sino un reflejo de la mente de Dios.

Por tanto, nuestra capacidad de evaluar datos y llegar a conclusiones, o sea nuestro sentido común, forma parte de la guía de Dios. Él comunicará su voluntad no sólo a nuestro espíritu, sino también a nuestra mente. Dios quiere que usemos el sentido común y el intelecto que nos ha dado. Proverbios 3:5 no nos manda a no usar nuestra prudencia, sino a no apoyarnos por completo en ella, excluyendo a Dios de nuestras decisiones.

Existe un misticismo bíblico que es legítimo que hemos descrito en el apartado sobre la guía del Espíritu Santo. Pero existe también un misticismo equivocado que se niega a usar el sentido común y contar supuestamente sólo con la guía del Espíritu Santo y su Palabra. Quienes desprecian e ignoran el sentido común suelen vivir con su cabeza «en las nubes», sin tener los pies sobre el suelo.

CAPÍTULO 6

El sentido común y la elección de la pareja

～～～

Ser creyente no es garantía de que uno tendrá un matrimonio feliz. Es simplista creer que dos creyentes incompatibles pueden lograr la misma unidad y felicidad en su matrimonio que otra pareja de creyentes que coinciden en sus metas, personalidad y enfoque de la vida. Muchos de los matrimonios rotos que observamos en nuestros días fracasaron antes de empezar al equivocarse en su elección de la pareja.

Un buen matrimonio comienza antes del noviazgo, con la elección de la pareja. Para hacer una elección sabia y acertada, es preciso que se conozca lo bastante bien al posible futuro cónyuge para convencerse de que existe una *esperanza razonable* de que un matrimonio con él tiene probabilidades sólidas de prosperar. Si estuvieses cojo por un defecto físico de nacimiento y un cirujano te dijese que operándote tendrías un 50% de posibilidad de poder andar sin cojear, pero que dicha operación llevaba un 50% de riesgo de dejarte sin el uso de esa pierna el resto de tu vida, condenándote a una silla de ruedas, ¿le dejarías operarte? ¿Probarías suerte si hubiese un 70% de probabilidad de éxito? ¿80%? ¿90%?

No hay garantías absolutas en la vida. Todo es cuestión de probabilidad. Pero en una decisión tan importante como el matrimonio, queremos asegurarnos de que existe una *esperanza razonable* de que éste tiene posibilidades de sobrevivir y de prosperar.

La gran mayoría de las preguntas a continuación pueden contestarse antes de comprometerse como novios. Hay muchas cosas que pueden averiguarse sobre una persona sin dejarle saber el interés que tiene por ella como posible pareja. Los temas se han colocado en orden de importancia. Es evidente que la vida cristiana de mi futura pareja es más importante que su trasfondo cultural y académico.

El propósito de contestar estas preguntas antes de hacerse novios no es el de encontrar a alguien que sea perfecto, sino el de ayudar a la persona a contestar con objetividad una sola pregunta: ¿Tenemos en común un número suficiente de puntos de vista para convencerme de que existe una *esperanza razonable* de poder experimentar con esta persona un matrimonio feliz?

Aunque la elección de nuestra pareja no puede rebajarse a una cuestión tan fría como un porcentaje numérico, para ayudarte a cultivar y hacer uso de tu sentido común, te recomendamos que coloques al lado de cada pregunta el número que corresponde a las respuestas contiguas. Este ejercicio te ayudará a ser lo más objetivo posible a la hora de elegir la pareja. Para averiguar el nivel de esperanza que tienes en cada sección, sencillamente suma los números que has escrito (que corresponden a las respuestas a continuación) y divide el total por el número de preguntas en cada sección.

10	Absolutamente seguro
8	Bastante seguro
7	Relativamente seguro
5	Hay un empate en mi mente
3	Tengo grandes dudas
0	No tengo ni idea

VIDA CRISTIANA

_____ 1. ¿Es evidente que es creyente? ¿Cuándo se convirtió y bajo qué circunstancias?

_____ 2. ¿Están de acuerdo otros creyentes maduros de que ha experimentado una auténtica conversión?

_____ 3. ¿Muestra una vida comprometida con el Señor? ¿Procura ser un discípulo fiel en vez de un creyente que hace lo mínimo?

_____ 4. ¿Le es fácil hablar de temas espirituales?

_____ 5. ¿Pone a la disposición del Señor sus talentos, su tiempo, sus dones?

_____ 6. ¿Mantiene una vida de oración y lectura de la Biblia?

_____ 7. ¿Asiste a los cultos de la iglesia con regularidad?

_____ 8. ¿Suele buscar la voluntad de Dios en cada decisión y circunstancia?

_____ 9. Las chicas harían bien en preguntarse: ¿ha alcanzado una madurez espiritual parecida a la mía? ¿Estaría dispuesta a someterme a su liderazgo? ¿Sería un buen líder espiritual de nuestro hogar?

____10. ¿A qué iglesia o denominación pertenece? ¿Estaría dispuesto a unirme a su iglesia después de la boda, o él a la mía?

____11. ¿Respeta a los creyentes de otras iglesias y denominaciones, o cree que la suya es la única correcta?

____12. ¿Cuál es su vocación? Si Dios le está guiando a dedicar su vida a su servicio, ¿comparto ese mismo sentir en mi vida? ¿Coinciden nuestras metas en cuanto a la voluntad de Dios para nuestra vida?

AMOR

Ágape es ese aspecto del amor que se caracteriza por una entrega de sí mismo, un respeto para los otros, la aceptación de los demás tal como son y la capacidad de perdonar y reconciliarse. ¿Existe el amor *ágape*?

____ 1. ¿Prefiere servir en vez de ser servido?

____ 2. ¿Respeta mi persona y la persona de los demás? ¿Me trata a mí y a los demás con cortesía? ¿Me corrige en público, gasta bromas innecesarias a mis expensas, comenta mis faltas en público?

____ 3. ¿Es humilde, en vez de considerarse superior a mí o a los demás?

____ 4. ¿Me acepta a mí y a los demás como somos, en vez de exigir que cambiemos para sentirnos aceptados por él?

____ 5. ¿Es capaz de perdonar, en vez de guarda rencor?

Filia es ese aspecto del amor que tiene que ver con el compañerismo. El enamorado encuentra fuerzas renovadas al relacionarse y desarrollar una amistad con la otra persona. ¿Existe el amor *filia*?

____ 6. ¿Me encuentro cómodo y a gusto en su presencia?

____ 7. ¿Pienso en él o en ella constantemente?

____ 8. ¿Tengo ganas de estar con él o con ella?

____ 9. ¿Siento una identificación con él o con ella cuando hablamos el uno con el otro?

____10. ¿Somos capaces de comunicarnos a un nivel más allá de lo superficial?

____11. ¿Terminamos nuestras conversaciones con un ambiente de respeto mutuo a pesar de mantener opiniones distintas?

Eros es ese aspecto del amor que tiene que ver con el deseo físico y la atracción sexual. Al iniciar una amistad con una mujer, por lo general el hombre se fija primero en el aspecto físico y más tarde llega a apreciar las virtudes de su persona. La mujer procede de modo contrario. Así ha hecho Dios a los dos sexos. La atracción física es algo que crece poco a poco. El verdadero amor encuentra algo físicamente atractivo en el otro, aunque no se parezca a *Miss* o *Mister* Universo. Se supone que los dos se visten de forma atractiva, se asean, cuidan la línea, etc. Si no se encuentra algo físicamente atractivo en la otra persona, mejor sería descalificarle como posible novio. El amor *eros*, aunque no es la única clase de amor en una relación, ni necesariamente el aspecto más importante, es muy importante. ¿Existe el amor *eros*?

_____ 12. ¿Le encuentro atractivo físicamente?
_____ 13. ¿Es capaz de distinguir entre mi persona y mi cuerpo?
_____ 14. ¿Tiene un apetito sano en cuanto a la expresión física de nuestra amistad? ¿Es capaz de controlarse en esta área de nuestra amistad? ¿Puede sobrevivir y crecer nuestra amistad sin una expresión continua de nuestro afecto de forma física?
_____ 15. ¿Tiene una actitud sana con respecto al sexo?

La cuestión de las enfermedades de transmisión sexual que pueden infectar a la persona sana y hasta hacer peligrar su vida, como es el caso del SIDA en este momento, tendrá que plantearse en algún momento antes de comprometerse como novios. Aunque es una tema sumamente delicado, es preciso que se trate para el bien de los dos antes de comprometerse porque se descubrirá después, cuando ya es tarde.

PERSONALIDAD Y CARÁCTER

_____ 1. ¿Tiene una mente abierta o cerrada? ¿Es capaz de dialogar y hacer concesiones para llegar a un acuerdo aceptable para todos, o siempre cree que tiene razón? ¿Sólo cede cuando las consecuencias son drásticas?
_____ 2. ¿Sabe mantener un equilibrio entre la seriedad y el saber reír y disfrutar de la vida?
_____ 3. ¿Cumple con su palabra? ¿Hay mucho ruido pero pocas nueces?
_____ 4. ¿Es realista? ¿Ve el mundo tal como es en realidad?
_____ 5. ¿Es capaz de mantener un equilibrio entre el optimismo y el pesimismo, evitando las trampas de los dos extremos? ¿Requiere que alguien lo anime constantemente?
_____ 6. ¿Lo respetan los demás, o soy la única persona que ve algo positivo en él o en ella?
_____ 7. ¿Es lo que veo lo que en realidad hay? ¿Existe hipocresía de su parte? ¿Me estoy engañando?
_____ 8. ¿Sé cuáles son sus mejores virtudes y los aspectos de su vida que más desarrollo requieren? ¿Lo sabe él o ella?
_____ 9. ¿Se ha encontrado a sí mismo, sabe quién es y qué quiere en la vida?

CULTURA Y EDUCACIÓN

Las diferencias nacionales, culturales o educacionales no necesariamente descalifican un posible noviazgo. Pero es sabio reconocer que sí representan problemas adicionales, que, añadidos a los que ya existen en la tarea de hacer de dos personas distintas una sola persona, pueden representar la gota que colma el vaso.

_____ 1. Si existe una gran diferencia entre nuestros niveles de estudio, ¿sería él o yo capaz de vivir bajo esa sombra?

_____ 2. Si yo procedo del pueblo y él o ella de la ciudad (o viceversa), ¿hay indicaciones de que seremos capaces de librarnos de una mentalidad provinciana o burguesa?

_____ 3. Si él o ella es de otra nacionalidad, ¿son tan diferentes nuestras culturas que nos requerirá una adaptación radical?

_____ 4. Si es de otra región de nuestro país, ¿es evidente que respeta a las personas de mi región? ¿Muestra que no ha caído en un nacionalismo extremo?

_____ 5. Si ha crecido en unas circunstancias económicas lujosas, medianas o pobres, ¿hay indicaciones de que sería capaz de bajar o subir a mi nivel económico? ¿Hay indicaciones de que sería capaz de subir, sin que se le subiese a la cabeza, o bajar sin sentirse humillado?

Una vez que los enamorados se han comprometido para casarse, la tarea de conocerse pasa a un nivel más íntimo. Si en el proceso de conocerse mejor y contestar las preguntas a continuación mengua esa *esperanza razonable* original a un nivel inaceptable en el cual hay dudas serias de que su futuro matrimonio tiene probabilidades sólidas de prosperar, todavía están a tiempo para tomar la decisión sabia de terminar su noviazgo.

VIDA CRISTIANA

1. ¿A qué iglesia asistiremos?
2. ¿Qué porcentaje de nuestro tiempo pensamos dedicar a nuestra iglesia de acuerdo con nuestros dones espirituales?
3. ¿Cómo pensamos cultivar una vida devocional como matrimonio?
4. ¿Tenemos claro que el marido debe ser el líder de nuestro hogar? ¿Cómo entendemos la cuestión de la sumisión de la esposa?

LOS FUTUROS SUEGROS

1. ¿Estoy de acuerdo con la opinión de mi novio en cuanto a mis padres? ¿Le gustan mis padres a mi novio?
2. ¿Está de acuerdo conmigo mi novio en cuanto a mi opinión de sus padres? ¿Me gustan mis futuros suegros?

3. ¿Cuáles son los posibles problemas que nuestros respectivos padres nos podrían representar?

4. ¿Cuáles son las cosas que hemos aprendido en nuestros respectivos hogares que querremos o necesitaremos «desaprender» al formar nuestro propio hogar? ¿Cuáles han sido los problemas matrimoniales de nuestros respectivos padres?

5. ¿Cuáles son las diferencias entre la familia de mi novio y la mía?

FINANZAS

1. ¿Cuál es el sueldo previsto de mi novio? ¿Cuál es el sueldo previsto mío? ¿Serán suficientes nuestros sueldos para pagar los gastos del apartamento, la comida, el diezmo, el coche, los impuestos y los demás gastos?

2. ¿Qué deudas tiene mi novio? ¿Suele pagar sus deudas o amontonarlas? ¿Sabe administrar de manera sabia su dinero? ¿Vive al borde de la bancarrota?

3. ¿Cuál es su filosofía en cuanto al dinero? ¿Vive para él?

4. ¿Cree mi novio que es una buena idea vivir con mis o sus padres con tal de ahorrar dinero?

5. ¿Qué filosofía tiene mi novio en cuanto a los ahorros, el seguro de vida, el comprar con tarjetas de crédito o a plazos?

6. ¿Cuál de los dos sabe administrar mejor el dinero? ¿Quién administrará el dinero en nuestro matrimonio?

7. ¿Piensa mi novio que debo o puedo trabajar? Si trabajo, ¿a quién pertenecerá mi sueldo?

8. ¿Pensamos diezmar?

HIJOS

1. ¿Cuántos hijos nos gustaría tener? ¿Cree mi novio que debemos tener tantos hijos como podamos?

2. ¿Acepta mi novio el uso de anticonceptivos? Si no, ¿qué plan tiene para controlar el número de hijos?

3. ¿Cuál sería su reacción si no pudiésemos tener hijos?

4. ¿Qué actitud tendría si tuviésemos sólo hijos o sólo hijas?

OTROS TEMAS

La lista de temas para comentar antes de la boda es interminable. Los novios harían bien en estudiar los capítulos de la Parte IV de este libro y reflexionar juntos sobre los temas que más les interesan y preocupan.

¿Es lícito ser novio de un no creyente?

∞

$\mathcal{M}$ientras que la Biblia habla con claridad acerca del tema de los matrimonios mixtos, no dice nada concreto sobre el hacerse novio de un no creyente. Sin embargo, existen principios bíblicos que pueden aplicarse a esta pregunta, además de las conclusiones que aporta el sentido común. Es imprescindible que los jóvenes consideren esta cuestión tan seria antes de comprometerse como novios.

Si el noviazgo es un compromiso serio de parte de dos personas de casarse en un futuro, de entrada nos encontramos ante un gran problema. Si Dios prohíbe el matrimonio de sus hijos con personas no creyentes, ¿cómo puede el creyente comprometerse a realizar un acto que Dios ha prohibido? No tiene ningún sentido hacer tal promesa.

Si esta lógica es tan impecable, ¿por qué insistirá un creyente en continuar como novio de un no creyente? La única respuesta que se atreve a sugerir es: «Quiero ganar a mi novio para el Señor. Seguro que se convertirá antes de la boda.» Cualquier otra razón suena pobre. Pero esta respuesta cuenta con algunos problemas considerables. En primer lugar, el verdadero motivo del creyente es otro. Seamos sinceros y francos en cuanto a los verdaderos motivos. Lo que quiere sobre todo es casarse, no la salvación de su novio. Aunque no hay nada malo en desear casarse, y nos compadecemos de aquellos jóvenes que se encuentran en iglesias donde no hay muchos creyentes del sexo opuesto, el casarse con un no creyente no es una solución viable, sino una complicación más en una vida que ya es bastante complicada.

En segundo lugar, el método «amarles para ganarles» no es eficaz. Lo que suele ocurrir es que las emociones y los sentimientos del creyente se enredan con su testimonio, y acaba perdiéndolo al casarse fuera de la voluntad de Dios. Es penoso observar como algunos creyentes, a punto de casarse con un no creyente, empiezan a diluir su concepto de la salvación y lo que significa ser creyente. Afirman: «Pero cree en Dios», como si eso fuese lo mismo que ser creyente. No es cuestión de cambiar de religión, sino de tener una relación personal con Cristo.

Más de un no creyente ha «aceptado al Señor». Por fin los familiares del novio que sean creyentes y la iglesia donde es miembro pueden respirar con tranquilidad. Pero pocos meses después de la boda, cuando se ve que no tiene ningún interés en las cosas del Señor, todos se dan cuenta de que su supuesto nuevo nacimiento (Jn. 3:3) era más bien un aborto espiritual. Es muy arriesgado mezclar el testimonio con los sentimientos.

Por último, lo que suele ser el resultado final es inaceptable bíblicamente. Casi nunca falla. El creyente comienza diciendo que el novio se convertirá *antes* de la boda. Al acercarse la fecha del enlace, cuando los novios ya tienen comprados todos los muebles y han abierto una cuenta corriente juntos, el creyente cambia de opinión. Ahora, afirma que el novio se convertirá *después* de la boda. A estas alturas no quiere contemplar la posibilidad de romper el noviazgo. Y el creyente acaba casándose con el no creyente.

Estos tres argumentos sobre la base del sentido común deberían ser más que suficientes para animar a cada creyente a desistir de la idea de hacerse novio de un no creyente. Sin embargo, cuando la necesidad de compañerismo comienza a suplirse, las emociones trabajan horas extras y el intelecto se va de vacaciones.

¿Cuáles son los argumentos más comunes que suelen oírse de parte de quienes se resisten a la idea de comprometerse en noviazgo sólo con otros creyentes? ¿Qué dice el sentido común frente a esos argumentos?

SE ARGUMENTA: «HAY CASOS DONDE EL NO CREYENTE SE HA CONVERTIDO DESPUÉS DE LA BODA.»

Siempre es un motivo de gratitud a Dios cuando la persona no creyente de un matrimonio mixto se convierte. Pero hay tres argumentos que militan en contra de usar este hecho como justificación para hacerse novio y casarse con un no creyente. En primer lugar, son escasos los casos en que el no creyente se convierte a Cristo y lo demuestra a través de una vida consecuente. La gran mayoría nunca se convierten y el creyente, o se aparta del Señor, lo normal en estos casos según Deuteronomio 7:1-4 y 1 Reyes 11:1-4, o vuelve solo a la iglesia. Por lo tanto, el creyente no tiene ninguna garantía de que su novia se convertirá después de la boda. Es más, las estadísticas nos indican que no se convertirá.

En segundo lugar, el hecho de que el no creyente acepte a Cristo como su Salvador no convierte en obediencia el acto de desobediencia de parte del creyente al casarse con su pareja cuando no era creyente. El fin no justifica los medios.

Por último, Dios no deja de interesarse por la salvación del no creyente sólo porque un hijo suyo lo ha desobedecido. Sin embargo, por lo general el no creyente está enterado de la desobediencia de su cónyuge y su actitud suele ser: «si tu Dios no merecía tu obediencia, tampoco merece la mía.» Y no se convierte. En efecto, el creyente se convierte en el mayor obstáculo para la salvación de su pareja.

Se argumenta: «Pero casarse es una necesidad humana.»

Hemos de distinguir entre: un *deseo* que dice: «si es posible, me gustaría casarme»; un *derecho* que afirma: «puedo vivir sin casarme, pero nadie tiene autoridad de privarme de ello»; y una *necesidad* que insiste: «literalmente moriré si no me caso.»

La mayoría de las personas desean casarse. Es un deseo noble y legítimo. Es lamentable que por las complicaciones de la vida, no todos se casen. En términos de jurisprudencia, creemos que el casarse es un derecho humano, salvo en casos muy excepcionales.

Cuando llevamos la cuestión de los derechos de una persona al terreno espiritual, ponemos el dedo en la llaga. ¿Tiene el creyente algún derecho? ¿Quién es el señor de la vida del creyente? ¿Quién tiene derecho a mandar en su vida? Primera de Corintios 6:19 enseña que el creyente no se pertenece a sí mismo. Por haber sido comprado por la sangre de Cristo, el creyente se convierte en esclavo de Cristo. Aquí entramos en la tensión entre la *posición* del creyente y su *experiencia* diaria de someterse o no al señorío de Cristo. Aunque su posición delante de Dios es la de un esclavo, muchos creyentes insisten en vivir como hombres libres. Quienes insisten en vivir así se esclavizan a mil problemas en su vida. La verdadera libertad se da cuando uno vive como esclavo de Jesucristo.

Respirar, comer, beber, arroparse y tener un techo sobre la cabeza, son verdaderas necesidades. Sin éstas, el ser humano muere. Sin embargo, la convicción de los tres amigos de Daniel era que más valía perder la vida en un horno de fuego ardiente que pecar contra Dios (Dn. 3:17, 18).

Casarse no es una necesidad. No es necesario casarse para ser feliz. Dios puede proveer el compañerismo a través de amigos íntimos en la fe.

Se argumenta: «Será traumatico para mi romper el noviazgo.»

Es de ingenuos creer que se puede emprender viaje por un camino cuyo fin es pecar contra Dios, tomar la decisión de dar la vuelta y seguir a Dios, *y no pagar ningún precio*. ¡Ojalá que la vida fuese tan fácil! Si el creyente rompe su noviazgo con un novio no creyente, sufrirá cierto trauma. Si sigue adelante y se casa con el no creyente, pagará con otro trauma. Haga lo que haga, pagará un precio. La pregunta es: ¿Cuál de las decisiones exigirá un mayor precio? Cuesta mucho seguir a Cristo; pero cuesta mucho más no seguirlo.

También, hemos de reconocer que el romper con un novio *creyente* supone cierto trauma en la vida de la persona en cuestión. La necesidad de compañerismo es tan fuerte que no es posible sacrificarlo, después de disfrutar durante un tiempo de ello, sin sentir las consecuencias emocionales de dicha decisión. Por eso, es importante que el creyente acierte en su elección de la pareja.

SE ARGUMENTA: «LA IDEA DE HACERSE NOVIO SÓLO DE OTRO CREYENTE CONDENA A ALGUNOS A QUEDARSE SOLTEROS EL RESTO DE SU VIDA.»

Conviene que cada joven se haga la pregunta: ¿Es peor casarme con un no creyente fuera de la voluntad de Dios, o quedarme soltero si es necesario con tal de estar dentro de la voluntad de Dios?

Quedarse soltero no es un estado inferior al del matrimonio. Pensemos en Jesús, Pablo y otros personajes bíblicos. No es necesario casarse para ser feliz. Por otro lado, hemos de reconocer que algunos solteros se condenan a sí mismos al negarse a desarrollarse como personas o al no cultivar su santificación progresiva. Hombres antipáticos, sin modales, que no prestan atención al aseo personal. Mujeres amargadas, criticonas, mandonas.

Hay mucho que se puede hacer para conocer a otros jóvenes a través de campamentos, reuniones, conferencias, concentraciones juveniles, etc. Uno no tiene que casarse con alguien de su propia iglesia local.

SE ARGUMENTA: «ROMPER EL NOVIAZGO SERÁ UN TESTIMONIO POBRE.»

Dudo que la persona que insiste en ser novio de un no creyente se preocupe en realidad por su testimonio cristiano. Pero, por amor al debate, consideremos esta objeción.

Se argumenta que romper el noviazgo con un no creyente representa un testimonio pobre al prometer casarse con alguien y luego no cumplir su palabra. Pero conviene recordar que con toda probabilidad el novio no creyente ya está pensando en el mal testimonio que el creyente está dando al comprometerse a realizar un acto que va en contra de su religión. El creyente *ya ha perdido* su testimonio; no tiene ningún testimonio que mantener.

Suponiendo que al creyente le queda un poco de buen testimonio, no cabe duda de que lo perderá por completo si se casa con el no creyente. Se puede discutir si el creyente ha pecado haciéndose novio de un no creyente; pero no hay ninguna discusión si se casa con él. Estará actuando en clara desobediencia al Señor y a su Palabra.

Si el creyente rompe el noviazgo, es muy probable que el no creyente nunca acepte al Señor. Pero si se casa con él, es aun más probable que no se convierta. Es una de las tragedias de la vida; todo lo que hacemos conlleva consecuencias que afectan a los demás para bien o para mal.

**SE ARGUMENTA: «HEMOS INVERTIDO TANTO TIEMPO, ESFUERZO
Y FINANZAS EN NUESTRO NOVIAZGO Y FUTURO MATRIMONIO.»**

Segundo de Crónicas 25:1-9 nos narra la historia de Amasías, un rey de Judá que tomó a sueldo a cien mil soldados de Israel por cien talentos de plata. Después de entregar el dinero al rey de Israel, un profeta se presentó ante Amasías y condenó esta decisión, asegurándole que sufriría una derrota segura en cada batalla en que estos mercenarios se encontraran a su lado. Entonces Amasías preguntó: «¿Qué, pues, se hará de los cien talentos que he dado al ejército de Israel?» Si enviaba esas tropas a casa, seguro que no le devolverían su dinero.

En el versículo 9 el profeta le respondió: «Jehová puede darte mucho más que esto [el dinero].» No cabía duda de que Amasías perdería ese dinero. Pero el profeta le prometió que si obedecía a Dios y enviaba a los israelitas a casa, en su momento Dios le devolvería lo que había perdido y mucho más.

Es evidente que obedecer a Dios requiere fe y conlleva un precio, casi siempre en el acto. El pecado es engañoso porque suele traer pocas consecuencias inmediatas, pero más tarde cobra un precio altísimo. Por eso, uno no puede tener la vista corta y agradar a Dios. En este caso Amasías tuvo la vista larga, olvidándose de su pérdida inmediata y confió en que Dios le devolvería el dinero por otros medios más tarde. Pero eso no fue su única pérdida. Los mercenarios de Israel, al volver a casa, «invadieron las ciudades de Judá, desde Samaria hasta Bet-horón, y mataron a tres mil de ellos, y tomaron gran despojo» (2 Cr. 25:13). Obedecer a Dios puede suponer que de momento las cosas vayan mal en vez de bien.

Hay creyentes que rehúyen la decisión de romper su noviazgo con un no creyente porque temen no encontrar otro novio. Y Dios responde: «Yo puedo darte alguien mucho mejor que tu novio actual. No ocurrirá mañana a las 8:00 de la mañana. Te dejaré sufrir un poco para que aprendas la lección. Pero sobre la marcha te daré a alguien mucho mejor.»

Parte III

Cómo cultivar la unidad en el matrimonio

CAPÍTULO 8

Introducción

⸎⸎⸎

*L*a unidad en el matrimonio no es algo que ocurre por sí sola, porque sí; no es automática. Tampoco es un buen matrimonio «el resultado de una elección fortuita de una pareja en la cual las dos personas se compenetran a la perfección, sino el resultado de muchas decisiones tomadas a lo largo de la vida y adaptaciones de dos personas libres que han abrazado de manera voluntaria el mismo yugo, y que de forma constante sacrifican su libertad e intereses personales con tal de forjar una vida que es aceptable para ambos».[1]

Cuando tenía siete años mi madre me inició en el estudio del piano. Es curioso que en estos casi 50 años de tocar el piano para mi propio disfrute o para los cultos de muchas iglesias, nunca he tenido ocasión de tocar algunas de las teclas situadas en los dos extremos del teclado. Supongo que figuran en las partituras de música clásica más complicadas. Por el contrario, hay unas 10 ó 15 teclas justo en el centro del piano que he empleado cada vez que me he sentado a él. Hay 52 teclas blancas y 36 negras. Pero si esas 10 ó 15 del centro no funcionan o están desafinadas, difícilmente puedes sacar música de ese piano.

El matrimonio es como un piano. Hay cuestiones que son bonitas, pero que aportan poco a la tarea de cultivar la unidad en el matrimonio. Pero hay otras, que si los cónyuges no las afinan constantemente, es difícil que logren una música bonita en su relación. A continuación consideraremos siete *teclas* que juegan un papel muy importante en el matrimonio: comunicación, diferencias de personalidad, autoridad, resolución de conflicto, reparto de responsabilidad, amor y sexo.

Antes, sin embargo, debemos contestar una pregunta desconcertante. ¿Cómo es que algunas parejas no creyentes parecen lograr más unidad en su matrimonio que algunas en las que los cónyuges son creyentes? Hemos de reconocer que hay diferentes clases de matrimonios:

Inconversos egoístas. Cada cónyuge vive para sí mismo. Su matrimonio suele ser una batalla continua.

Inconversos bien avenidos. Los dos han aprendido el arte de llegar a un acuerdo. Creen que los intereses de su matrimonio tienen preferencia sobre los de cualquiera de los cónyuges. Dos inconversos bien avenidos son capaces de forjar un buen matrimonio.

Matrimonio mixto. Sólo uno de los cónyuges es creyente. El inconverso puede ser una persona ejemplar o todo lo contrario. El creyente suele ser carnal, espiritualmente hablando. En principio, este matrimonio debería tener más posibilidades de lograr un matrimonio feliz que dos inconversos bien avenidos ya que uno de los dos es creyente.

Creyentes carnales. En muchos aspectos de sus vidas los cónyuges viven como si fuesen inconversos. Su matrimonio puede caracterizarse por un enfrentamiento continuo porque cada uno vive para sus propios intereses; pero en principio tienen una ventaja sobre el matrimonio mixto ya que los dos son creyentes.

Creyentes espirituales. Aunque no son perfectos, procuran hacer la voluntad de Dios y colocar a Cristo en el centro de su matrimonio. De todas las diferentes clases de matrimonios, éste tiene más posibilidades de lograr esa unidad que Dios pretendía al crear el matrimonio.

Cada uno de estos matrimonios cuenta con una potencialidad distinta en lo que respecta a lograr la unidad con su pareja. Ninguna pareja es capaz de alcanzar la unidad absoluta en este lado de la eternidad; la perfección no es posible. Es evidente que ser creyente conlleva una gran ventaja ya que supone que el cónyuge se ha comprometido a seguir a Cristo como discípulo suyo en vez de andar por su propio camino (Is. 53:6).

Sin embargo, ser creyente no significa que la unidad se logra de forma automática. Hay que cultivarla. Es lamentable que algunos inconversos alcancen más unidad en su matrimonio porque se esfuerzan más y aprovechan mejor sus posibilidades, aunque sean inferiores a las de una pareja de creyentes.

Cada ser humano cuenta con un cuerpo, un intelecto, unas emociones y un espíritu o alma. Los cónyuges se mueven y se relacionan entre sí en todas estas áreas a la vez. Como ilustra el dibujo de abajo, un matrimonio de creyentes espirituales puede haber alcanzado mucha unidad en lo intelectual, pero su vida sexual todavía ser algo deficiente. Es probable que su compenetración espiritual sea excelente (son creyentes), pero todavía les cuesta entenderse a un nivel emocional.

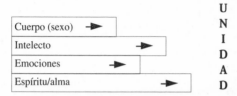

Algunos no creyentes tienden a conformarse con recuperar sólo la unión física. Pero como el ser humano no es un simple trozo de carne, la unión física, a solas, no puede producir plena satisfacción. Por eso muchos no creyentes se lanzan en una búsqueda de más amores y un sin fin de experiencias sexuales con tal de encontrar esa plenitud que les falta. Aunque en su primera aplicación «una sola carne» se refiere a la unión física, su aplicación mucho más amplia incluye la mente, el espíritu y las emociones. O sea, es una comunión y relación con toda la persona.

Es importante que los cónyuges desarrollen todas estas áreas. Si se desarrolla bien un aspecto, éste afectará de forma positiva las otras áreas. Al mismo tiempo, una deficiencia en un aspecto puede afectar de forma negativa a los demás. El área más importante es la espiritual. Las enseñanzas bíblicas que aceptamos como verdad afectarán de manera positiva nuestra forma de pensar (intelectual), lo cual controlará nuestros sentimientos y emociones. Y por último nuestras emociones afectarán, en gran parte, nuestras relaciones sexuales como matrimonio.

La unidad en el matrimonio no ocurre por sí sola, sino que es el resultado de los esfuerzos de dos cónyuges que se han comprometido a lograr la unidad en el matrimonio con tal de reflejar esa unidad que existe entre las personas de la Trinidad y así glorificar a Dios.

NOTAS

1. Henry Brandt, uno de los primeros psicólogos evangélicos a principios de la década de los años 60, hizo esta declaración en una obra desconocida.

CAPÍTULO 9

La comunicación

～❦～

De los seis temas más importantes en cuanto a la tarea de cultivar la unidad en el matrimonio, el de la comunicación encabeza la lista por una razón muy convincente. Al estar casados, los cónyuges ya *son* uno. Pero en el matrimonio es importante que también *se sientan* unidos. *Para sentirse uno con otra persona, hay que conocerla; y para conocerla tiene que haber comunicación.* Ser uno, pero no sentirse uno, es mortal para cualquier matrimonio. A medida que compartan sus vidas el uno con el otro, los cónyuges se sentirán más unidos. La unidad viene por el conocimiento, y el conocimiento por la comunicación.

LOS TRES NIVELES DE LA COMUNICACIÓN

Todos somos capaces de comunicarnos a tres niveles. El más fácil y cómodo es el de los datos objetivos. Existe poco riesgo de que alguien nos ataque.

El segundo nivel es el de nuestras opiniones sobre la importancia y el significado de los datos objetivos. Este nivel de comunicación representa un riesgo mayor porque se acerca más a nuestro ser más íntimo: cómo vemos las cosas; nuestros valores, prioridades y criterios; qué importancia damos a las cosas; etc. Según nuestras opiniones, los demás nos considerarán como brillantes, estúpidos, ingenuos, superficiales, inteligentes, ingeniosos o equivocados. Las opiniones de los demás en cuanto a lo que opinamos representan un posible ataque a nuestra persona.

El nivel más profundo y difícil es el de nuestras emociones y sentimientos. Por eso es sumamente arriesgado, si no un suicidio psicológico, abrirse al nivel de nuestras emociones. No hay ninguna desnudez como la desnudez psicológica. Todos nos hemos comunicado a este nivel en el pasado con alguien en quien confiábamos y esa persona nos ridiculizó, juzgó, criticó, censuró, repitió a otros lo que le comunicamos, o usó la información compartida en nuestra contra. Esa persona nos hizo tanto daño, que ahora no nos fiamos de nadie y nos escondemos tras unos muros impenetrables.

Sin embargo, es precisamente esta clase de intimidad que con tanta urgencia necesitamos y anhelamos como seres humanos, pero que sólo se consigue al abrirnos a este nivel. Abrirse ante otra persona requiere mucha valentía y autodisciplina; es sumamente arriesgado abrirse. Debido a los peligros propios de abrirnos a un nivel emocional, la experiencia y el sentido común nos enseñan que no deberíamos abrirnos al nivel de nuestros sentimientos y emociones con más de dos, máximo tres personas en la vida. Es de esperar que nuestro cónyuge sea una de esas personas. Cuanto más se comunica una pareja a este nivel, más unidad habrá en su matrimonio.

El mayor obstáculo a la comunicación a este nivel, es el hecho de que somos pecadores. Al abrirnos ante nuestro cónyuge, nos conocerá como nadie con todas nuestras debilidades, defectos, problemas, temores y pecados. Es posible que tengamos que enfrentarnos por primera vez en nuestra vida con nosotros mismos y con nuestros pecados.

Si cerramos la puerta de nuestro ser más íntimo, o si nos negamos a enfrentarnos con franqueza a los pecados que se descubren, sacrificamos dos de las tres metas del matrimonio con sus correspondientes bendiciones. En primer lugar, sacrificamos la unidad que tanto deseamos y necesitamos como seres humanos, el tener a nuestro lado a alguien con quien compartir nuestra vida. En segundo lugar, perdemos la posibilidad de dar un paso más en nuestra santificación personal.

Cuanto más nos conoce nuestro cónyuge, más elementos descubrirá en nuestra vida, tanto negativos como positivos. De ahí la gran importancia de que la pareja sepa cumplir la segunda meta para el matrimonio: amar a nuestro cónyuge como Cristo amó a la Iglesia. Si ese amor no existe, la comunicación a este tercer nivel es imposible. Abrirnos ante alguien que no está comprometido con nosotros es sumamente arriesgado.

Por regla general, las mujeres encuentran más fácil expresar sus emociones que los hombres. «Los hombres, esposados por algo llamado la imagen masculina, tienen grandes problemas en aprender a abrirse en lo más profundo de su ser. Nuestra sociedad nos ha enseñado a los hombres a pensar y reflexionar antes de hacer compromisos. Y esta actitud afecta a la larga al acto de expresarnos con respecto a nuestro ser íntimo. Se les ha enseñado a los hombres a no mostrar emoción extrema; nunca deben dar a conocer que están tristes o admitir la derrota. El hombre cree que es menos hombre si los demás se burlan de él, si le dejan fuera de sus círculos o si lo ridiculizan. Así que sobre la marcha arriesga poco y revela tan sólo aquella parte de sí mismo que sabe que ganará la aprobación y admiración de los demás.»[2]

Sin embargo, las emociones son una parte importante del ser humano y han de expresarse. Cada cónyuge ha de esforzarse para reconocer y aceptar sus propias emociones, además de explicar y describir sus sentimientos de una forma sana y constructiva.

Para que la comunicación a nivel de los sentimientos y emociones sea una posibilidad, los cónyuges han de establecer y mantener un ambiente en el cual cada uno tenga la libertad de decir lo que piensa en realidad sin ser atacado. Han de respetarse mutuamente, aun en el caso de no estar de acuerdo con la opinión del otro. Si los cónyuges siempre están de acuerdo en sus opiniones, su matrimonio no crecerá. La actitud de cada uno debe ser: «no estoy de acuerdo contigo, pero protegeré tu derecho a pensar y expresar tus opiniones.» Por último, han de saber escuchar y estar pendientes de la comunicación. Las comunicaciones más significativas no son planeadas; surgen de manera espontánea. Por tanto, hay que estar pendiente y saber escuchar.

Cada cónyuge querrá evitar aquellas reacciones que sofocan la comunicación. El enfado, los gritos y una explosión de nervios es una estrategia típica en los hombres. Las lágrimas son empleadas mayormente por las mujeres. El silencio es una autodefensa empleada tanto por los hombres como por las mujeres. Estas reacciones representan una autodefensa de parte del cónyuge que ha sido herido por su pareja de alguna forma, o que se ve incapaz de convencerla.

LAS DIFICULTADES MÁS COMUNES EN LA COMUNICACIÓN

Se han escrito muchos tomos sobre la comunicación. El saber comunicarse clara y adecuadamente es todo un arte, ya que existen varias dificultades y obstáculos:

1. No hablar lo suficiente. Hay quienes hablan demasiado y otros que no son muy comunicativos. El hablar demasiado nos puede conducir a muchos problemas (Pr. 13:3). Pero el no hablar lo suficiente obliga a los demás a «leer entre líneas», y así correr el peligro de ver ideas que no existen en la mente del que no habla, o llevar una impresión equivocada de lo que piensa. Existe una gran diferencia entre el hablar y el comunicar. Hay quienes hablan sin respirar y no comunican nada. También hay quienes hablan poco, pero comunican mucho. Por regla general, los hombres no son lo bastante comunicativos y necesitan hacer un esfuerzo consciente de cultivar el hábito de hablar más con sus esposas.

2. *No explicarse con claridad*. Cuando lo que decimos no es lo que necesariamente queremos decir, creamos problemas para quienes han de interpretar nuestras palabras. Las personas extrovertidas, que suelen hablar de manera muy espontánea, tienen la tendencia a ser muy imprecisas a la hora de expresarse, usando palabras que no comunican lo que en realidad piensan. A veces dicen cosas que ellas mismas, si se pararan a pensarlas, dirían que no son del todo verdad. No es que mientan «por vicio», sino que no piensan antes de hablar.

3. *Falta de comprensión en el oyente*. Hay quienes oyen lo que quieren o están predispuestas a oír (estereotipos), dando a ciertas palabras un significado que no corresponde a la definición del que las pronuncia. Otros, al no entender los conceptos empleados, llegan a conclusiones equivocadas en lugar de pedir una aclaración. Jesús tuvo este mismo problema con las personas que escuchaban su enseñanza (Mr. 8:15, 16; Jn. 6:56-60; 21:21-23).

4. *Los polos extremos de la «diplomacia» y el «hablar sin pelos en la lengua»*. Se puede hablar con tanto tacto y diplomacia que el oyente entienda una crítica como si fuese un cumplido. Esta clase de «diplomacia» roza la mentira. Por otro lado, se oye mucho sobre la necesidad de ser transparente. Hay quienes creen que el decir todo lo que piensan sin medir sus palabras es sinónimo de sinceridad y franqueza. Es evidente que no hay verdadera comunicación si no existe una transparencia de ideas y de vida. Cada creyente ha de ser transparente en el sentido de ser sincero y franco en lo que dice. Sin embargo, Dios no nos llama a decir todo lo que pensamos, sentimos y opinamos. Una transparencia descontrolada puede hacer mucho daño. Es posible pecar siendo demasiado transparente (Pr. 10:19). El sentido común dicta que no digamos todo lo que pensamos. Nuestros impulsos y emociones son jueces muy pobres en cuanto a qué deberíamos decir y cuándo.

5. *Tiempo*. El comunicarse requiere tiempo, algo que escasea debido a la vida tan ajetreada del siglo en que vivimos. Por lo tanto, los cónyuges tendrán que tomar la iniciativa de apartar tiempo para hablar. También conviene que cada cónyuge estudie a su pareja para ver cuándo es ese momento en el que está más predispuesto a hablar a un nivel profundo. Por ejemplo, conozco a un marido que se comunica con más facilidad cuando conduce su coche o cuando anda por las avenidas anchas de una ciudad grande rodeado de mucha gente. Para que su esposa se comunique a un nivel emocional, es necesario que su marido esté sentado, quieto, a solas con ella y con el televisor apagado para estar seguro de que tiene toda su atención.

¿POR QUÉ NO ME HABLAS?

La comunicación a un nivel profundo no es fácil. Hay muchos riesgos, trampas y obstáculos. La comunicación a nivel emocional sólo puede ser fortalecida cuando los cónyuges se ayudan mutuamente y se dejan ayudar en aquellas áreas en las que son débiles. En su artículo «¿Por qué no me hablas?», Craig Massey dice: «Las costumbres acumuladas a lo largo de los años son difíciles de cambiar. No existen soluciones fáciles. El primer paso que hemos de dar para resolver la situación es el de descubrir por qué uno o ambos cónyuges no sienten la libertad de hablar.»[2]

El cuestionario que se incluye a continuación tiene como meta ayudar a cada cónyuge a identificar los obstáculos, los sustitutos y las frustraciones que dificultan una buena comunicación con su pareja. En primer lugar, cada cónyuge debería escribir una «X» al lado de cada declaración que refleje una de las razones de por qué, en su opinión, su matrimonio no goza de una mayor comunicación. Se debe dejar en blanco cualquier apartado que no represente para el cónyuge ningún problema. En las primeras dos secciones cada uno se evaluará tanto a sí mismo como a su pareja. En la última sección sobre «frustraciones», cada cónyuge evaluará sus propios obstáculos internos.

Una vez que ambos hayan llenado el cuestionario por separado, deberían comparar sus respectivas evaluaciones *al menos* en las dos secciones denominadas «obstáculos» y «sustitutos». Entonces, ¡a trabajar en aquellas áreas donde se detectan dificultades en su comunicación como matrimonio! Aprender a comunicar es como aprender a conducir un coche. Se aprende a conducir conduciendo.

Obstáculos

1. ___ Mi cónyuge corrige con frecuencia lo que digo.
   ___ Yo enmiendo con frecuencia lo que dice mi cónyuge.

2. ___ Mi cónyuge contradice a menudo lo que digo y me dice que estoy equivocado.
   ___ Yo enmiendo a menudo lo que dice mi cónyuge y le digo que está equivocado.

3. ___ Mi cónyuge desafía con frecuencia lo que digo.
   ___ Yo desafío con frecuencia lo que dice mi cónyuge.

4. ___ Mi cónyuge me interrumpe con frecuencia.
   ___ Yo interrumpo a mi cónyuge con frecuencia.

5. ___ Mi cónyuge habla más de prisa que yo y con frecuencia termina la frase que he empezado.
   ___ Yo hablo más de prisa que mi cónyuge y con frecuencia termino la frase que ha empezado.

6. ___ Mi cónyuge tiende a enfadarse. Así que prefiero mantenerme en silencio en algunos temas.
   ___ Yo tengo la tendencia a enfadarme. Así que mi cónyuge prefiere mantenerse en silencio en algunos temas.

7. ___ Mi cónyuge no se esfuerza lo bastante para entender lo que quiero decir.
   ___ Yo no me esfuerzo lo suficiente para entender lo que quiere decir mi cónyuge.

8. ___ Mi cónyuge tuerce a menudo mis palabras.
   ___ Yo tuerzo con frecuencia las palabras de mi cónyuge.

9. ___ Mi cónyuge critica a mis amigos, mis familiares y mis compañeros de trabajo.
   ___ Yo critico a los amigos, los familiares y los compañeros de trabajo de mi cónyuge.

10. ___ Mi cónyuge usa lo que digo en mi contra.
    ___ Yo uso lo que dice mi cónyuge en su contra.

11. ___ Mi cónyuge repite a otros lo que le he dicho en privado.
    ___ Yo repito a otros lo que mi cónyuge me ha dicho en privado.

12. ___ Mi cónyuge no siempre me toma en serio.
    ___ No siempre tomo en serio a mi cónyuge.

13. ___ Mi cónyuge no me presta mucha atención ni me escucha con cuidado.
    ___ Yo no presto mucha atención a mi cónyuge ni lo escucho con cuidado.

14. ___ Mi cónyuge a veces me ridiculiza y me responde con sarcasmo.
    ___ Cuando habla mi cónyuge a veces lo ridiculizo y le respondo con sarcasmo.

15. ___ Mi cónyuge no toma el tiempo suficiente para hablarme.
    ___ Yo no tomo el tiempo suficiente para hablar con mi cónyuge.

Sustitutos

1. ___ Mi cónyuge está ocupado a menudo con la televisión.
   ___ Muy a menudo estoy ocupado con la televisión.

2. ___ Mi cónyuge tiene a menudo la radio puesta.
   ___ A menudo tengo la radio puesta.

3. ___ Mi cónyuge lee a menudo cuando quiero hablarle.
   ___ Yo a menudo leo cuando mi cónyuge quiere hablarme.

4. ___ Mi cónyuge preferiría escuchar música antes que hablar conmigo.
   ___ Yo preferiría escuchar música antes que hablar con mi cónyuge.

5. ___ Mi cónyuge pasa mucho tiempo hablando por teléfono.
___ Yo paso mucho tiempo hablando por teléfono.

6. ___ El trabajo de mi cónyuge requiere que hable mucho. Cuando
vuelve a casa quiere silencio y no quiere hablar.
___ Mi trabajo requiere que hable mucho. Cuando vuelvo a casa
quiero silencio y no quiero hablar.

Frustraciones

___ 1. Hay cosas de las cuales no quiero hablar porque tengo un sentido profundo de culpabilidad con respecto a ellas y no quiero que mi cónyuge sepa nada de esa culpabilidad.

___ 2. Hay ciertas cosas que no quiero que mi cónyuge sepa. Por lo tanto, no quiero hablar de ellas.

___ 3. Tengo miedo de mostrar mi ignorancia acerca de ciertos temas.

___ 4. Temo que me voy a emocionar o llorar si hablamos de ciertos temas.

___ 5. Pienso con lentitud y antes de formular lo que quiero decir, ha cambiado el tema. Así que no digo lo que he pensado.

___ 6. Pienso que lo que tengo que decir no es importante.

___ 7. Tengo un complejo de inferioridad.

___ 8. Siento rencor hacia mi cónyuge y no quiero hablar de ciertos temas.

___ 9. No hablo porque no he aprendido a expresar con palabras mis sentimientos e ideas.

___10. Yo no quiero hablar de cosas que me hacen sentir incómodo o amenazado.

___11. Mi cónyuge y yo no tenemos nada en común. Así que no tenemos nada de que hablar.

___12. Hemos hablado repetidas veces de nuestro problema sin resolverlo. Así que no quiero seguir hablando más del tema.

___13. Creo que mi cónyuge no tiene interés en lo que me interesa a mí.

Un libro secular que provee un caudal de información muy útil para las parejas que quieren entender mejor al sexo opuesto y así comunicarse con más eficacia es *Los hombres son de Marte, las mujeres de Venus* por John Gray.

Notas

1. MacDonald, *op. cit.*, p. 54.
2. Massey, Craig. «Why Don't You Talk to Me?», *Moody Monthly* (junio de 1982), pp. 17-19. La prueba de Massey, ligeramente cambiada, se ha usado con permiso.

CAPÍTULO 10

Diferencias de personalidad

Para lograr una unidad que sea cada día más íntima y profunda, los cónyuges tienen que conocerse. Sin embargo, cuanto más se conocen, más cuenta se darán de las muchas diferencias que existen en su forma de ser y de ver las cosas. Sin lugar a dudas, han de abandonarse aquellas diferencias que representan pecados o el fruto de ellos; el pecado nunca produce unidad y armonía, sino división y distanciamiento entre los cónyuges.

Sin embargo, hay otras diferencias que son legítimas, sanas y hasta deseables para que los cónyuges puedan complementarse. Por regla general, las personas se casan con alguien que reúne algunas de las tendencias opuestas a las suyas. Si como personas los cónyuges no entienden quiénes y cómo son, cuando aumentan los problemas y presiones de la vida cotidiana, estas diferencias tendrán la tendencia de convertirse en motivo de enfado y frustración el uno con el otro.

¿Cómo soy en realidad?

Vale la pena que cada cónyuge se conozca a sí mismo, que entienda cómo es y cuáles son las características que le hacen ser quien es. *Porque lo que conoce de sí mismo, lo puede controlar. Lo que desconoce de sí mismo, lo está controlando y es probable que le cause problemas.* Cuanto más se conoce a sí mismo y aprecia las diferencias en su propia personalidad que le hacen ser quien es, más posibilidad tendrá cada cónyuge de:

- Saber en qué áreas de su personalidad necesita aprender a compensar, a adoptar esas características opuestas a las suyas cuando la situación lo exija, aunque tenga que hacerlo de forma mecánica.
- Conocer mejor a su pareja. Primera de Pedro 3:7 manda a los maridos que vivan con sus esposas «sabiamente» (RVR60), «de manera comprensiva» (BLA), «con conocimiento» (margen de BLA).

Para cultivar la unidad en el matrimonio, es imprescindible que los cónyuges se conozcan.

- Ser comprensivo, paciente y tolerante con las diferencias que observa en su pareja, y aceptarlas como legítimas. Al aceptar sus propias diferencias de personalidad como legítimas, el cónyuge se compromete a hacer lo mismo ante las de su pareja.
- Apreciar la gran ayuda idónea que su pareja puede ser. Las diferencias de personalidad que antes eran motivo de peleas ahora se convierten en una gran ventaja.

El cuestionario que viene a continuación pretende ayudar a cada cónyuge a descubrir cuáles son aquellas características de su personalidad que lo hacen quien es. Para completarlo, debe colocar un círculo alrededor del numero que representa la opción que más describe lo que *siente*, no necesariamente lo que *hace*, ya que todos hemos aprendido a hacer cosas que no son fáciles ni naturales para nosotros. No hay respuestas correctas, sino sólo alternativas legítimas. Conviene contestar cada pregunta de forma espontánea para evitar la tentación de elegir la supuesta respuesta correcta, o contestar según lo que le gustaría ser.

Cuando me encuentro con otras personas suelo . . .
1. iniciar la conversación.
2. esperar hasta que me hablen primero a mí.

Me atraen más las personas . . .
3. sensatas, que no son dadas a locuras.
4. con mucha imaginación, creatividad y muchas ideas nuevas por locas que parezcan.

Si trabajara en una revista, me interesaría más participar en . . .
5. la impresión y venta de la revista.
6. la investigación para escribir los artículos, y el diseño de las fotos y texto.

Es un error mayor ser demasiado . . .
7. apasionado y dado a los sentimientos.
8. objetivo y dado al intelecto.

Prefiero un estudio bíblico o sermón que . . .
9. me convence, que apela a mi inteligencia.
10. me inspira y me conmueve, que apela a mi corazón.

Prefiero trabajar con tareas que . . .

    11. requieren que las termine antes de cierta fecha y hora.

    12. me dejan terminarlas cuando quiera.

Me encuentro más cómodo con . . .

    13. lo organizado, lo ordenado.

    14. las cosas tal y como se presentan.

Al final del culto en mi iglesia suelo . . .

    15. quedarme mucho tiempo, animándome emocional y psíquicamente.

    16. marcharme temprano, agotándome emocional y psíquicamente a medida que va pasando el tiempo.

Suelo ser una persona más dada a . . .

    17. la teoría, el pensamiento, la meditación, las ideas.

    18. la práctica, la aplicación de la teoría a la vida práctica y cotidiana.

Me interesa más lo que . . .

    19. tengo en este momento.

    20. podría llegar a tener en el futuro.

Al evaluar el comportamiento de otras personas, tengo más en cuenta . . .

    21. las leyes y principios que definen un comportamiento correcto, en vez de las circunstancias que podrían haber influido en el comportamiento de esas personas.

    22. las circunstancias que podrían haber influido en el comportamiento de esas personas, y no tanto las leyes y principios que definen su comportamiento correcto.

Me veo más como una persona . . .

    23. de cabeza fría, con hielo en las venas.

    24. blanda de corazón, un trozo de pan.

Suelo llegar a la iglesia y a otras reuniones . . .

    25. puntualmente.

    26. más bien cuando llegue, según mi horario.

Me siento inquieto cuando las . . .

    27. tareas no se han terminado.

    28. tareas ya se han terminado.

Entre mi grupo de amigos suelo . . .
29. estar al corriente de lo que pasa en la vida de los demás.
30. ser el último en enterarme de lo que pasa en la vida de los demás.

Al realizar las tareas cotidianas suelo hacerlas . . .
31. de la forma normal, como los demás suelen hacerlas.
32. a mi aire, a mi manera.

Las personas que escriben libros y artículos en las revistas deben . . .
33. decir lo que quieren decir, no andar con tantos rodeos, ir al grano.
34. expresar sus ideas usando ilustraciones, comparaciones, lenguaje figurado.

Me interesan más . . .
35. las ideas y los pensamientos coherentes.
36. las relaciones personales armoniosas.

Me encuentro más cómodo haciendo evaluaciones sobre la base de . . .
37. la lógica, factores que no cambian según las circunstancias.
38. valores relativos, factores que pueden cambiar según como se miren.

Prefiero que las decisiones . . .
39. se tomen después de recoger los datos necesarios.
40. se dejen correr por si surge algún dato más.

Me siento mejor . . .
41. habiendo comprado algo.
42. quedándome con la opción de comprar algo si así lo deseo.

Cuando suena el teléfono . . .
43. corro para ser la persona que contesta.
44. espero que otra persona lo conteste.

Suelo confiar más en . . .
45. mi experiencia.
46. mis corazonadas.

Las personas que siempre piensan y hablan de grandes proyectos y posibilidades . . .
47. me molestan.
48. me fascinan.

Soy más bien una persona . . .
49. que no se turba con facilidad, que no tiene altibajos anímicos o emocionales.
50. que mantiene relaciones amistosas e íntimas con las personas.

Para mí es peor . . .
51. ser injusto para con otra persona.
52. no tener misericordia de otra persona cuando requiere mi ayuda.

Creo que deberíamos . . .
53. procurar controlar los eventos y circunstancias, hasta donde sea posible.
54. dejar que los eventos y circunstancias ocurran tal y como salgan.

Soy una persona más bien . . .
55. seria y decidida.
56. tranquila, sin ninguna necesidad de tomar una postura concreta.

En una fiesta suelo relacionarme . . .
57. con muchas personas, hasta con personas desconocidas.
58. sólo con las que conozco mejor.

Para mí el sentido común es . . .
59. rara vez cuestionable, casi siempre corresponde a lo que se debe hacer.
60. con frecuencia dudoso y muchas veces no es la mejor indicación de lo que se debe hacer.

Me siento y me considero una persona más . . .
61. práctica que ingeniosa (ideas, creatividad).
62. ingeniosa que práctica.

Cuando tomo una decisión, juegan un papel muy importante . . .
63. las metas que quiero alcanzar.
64. mis sentimientos.

Para mí es un error mayor . . .
65. discriminar, ser racista, mostrar parcialidad o favoritismo.
66. criticar, censurar, o juzgar a otra persona.

Para mí es mejor saber . . .
67. organizarse y hacer las cosas de forma ordenada y metódica.
68. improvisar y adaptarse a las circunstancias.

Prefiero . . .
69. la rutina a lo espontáneo.
70. lo espontáneo a la rutina.

Una conversación inesperada, que no planeaba . . .
71. me estimula y me provee energía psíquica.
72. me agota y vacía mi reserva de energía psíquica.

Prefiero ser una persona con . . .
73. un sentido fuerte de la realidad.
74. una imaginación viva.

Cuando me relaciono con otras personas suelo . . .
75. pensar en términos de lo que son capaces de hacer, para qué sirven.
76. entender su punto de vista, su forma de ver las cosas.

Me encuentro más en mi elemento . . .
77. considerando todos los aspectos de un problema.
78. resolviendo el problema.

Me domina más mi . . .
79. cabeza, mis pensamientos.
80. corazón, mis sentimientos.

Prefiero aquellos eventos que . . .
81. han sido planeados.
82. ocurren de manera espontánea.

Suelo hacer cualquier compra . . .
83. con mucho cuidado.
84. de forma impulsiva, sin pensarlo demasiado.

Prefiero tener . . .
85. muchos amigos, aunque tenga menos tiempo para hablar con cada uno.
86. pocos amigos, pero con una relación más íntima.

Prefiero leer . . .
87. una novela de espionaje, de detectives o del oeste norteamericano.
88. un libro de poesía, una novela de ciencia ficción o un libro con mucha fantasía.

Para mí es peor . . .

89. estar «en las nubes», el no tener los pies en el suelo.
90. siempre hacer las cosas de la misma forma, nunca variar en la forma de realizar ciertas tareas.

Preferiría que los demás dijeran de mí: «Allí va una persona que . . .

91. sabe pensar de forma lógica y coherente.»
92. tiene un gran corazón y sabe relacionarse bien con los demás.»

Respeto más a aquellas personas que . . .

93. no cambian de parecer cada dos por tres, que no vacilan.
94. están comprometidas.

Cuando una persona toma una postura, prefiero que lo haga de forma . . .

95. tajante y sin posibilidad de alterarla.
96. tentativa y preliminar, dejando abierta la posibilidad de cambiar después.

Me encuentro más cómodo . . .

97. después de tomar una decisión.
98. antes de tomar una decisión.

∞≈∞

Para contabilizar tus respuestas, coloca un círculo alrededor de los números que corresponden a tus respuestas. Luego, cuenta el número de respuestas que figuran en cada línea (E, I, etc.) y escribe ese número en la línea de la izquierda. En cada pareja de opciones, la que recibe el mayor número de respuestas representa tu inclinación.

_____ **E**xtrovertido = 1 - 15 - 29 - 43 - 57 - 71 - 85
_____ **I**ntrovertido = 2 - 16 - 30 - 44 - 58 - 72 - 86

_____ **R**ealista = 3 - 5 - 17 - 19 - 31 - 33 - 45 - 47 - 59 - 61 - 73 - 75 - 87 - 89
_____ **V**isionario = 4 - 6 - 18 - 20 - 32 - 34 - 46 - 48 - 60 - 62 - 74 - 76 - 88 - 90

_____ **O**bjetivo = 7 - 9 - 21 - 23 - 35 - 37 - 49 - 51 - 63 - 65 - 77 - 79 - 91 - 93
_____ **S**ubjetivo = 8 - 10 - 22 - 24 - 36 - 38 - 50 - 52 - 64 - 66 - 78 - 80 - 92 - 94

_____ **C**oncluyente = 11 - 13 - 25 - 27 - 39 - 41 - 53 - 55 - 67 - 69 - 81 - 83 - 95 - 97
_____ **A**bierto = 12 - 14 - 26 - 28 - 40 - 42 - 54 - 56 - 68 - 70 - 82 - 84 - 96 - 98

LAS CUATRO OPCIONES

El ser humano es tan complejo y tan magníficamente diseñado por Dios que ningún cuestionario es capaz de entenderlo completamente ni meterlo en una simple casilla o categoría. Sin embargo, este cuestionario y otros parecidos, sí pueden ayudar al cónyuge a conocerse a sí mismo, lo que es sumamente importante, porque lo que el cónyuge conoce de sí mismo, lo puede controlar. Lo que desconoce de sí mismo, lo está controlando y es probable que le cause problemas.

Este cuestionario pretende identificar la preferencia del cónyuge en cuatro pares de inclinaciones.[1] Toda persona tiene algo de cada tendencia. Nadie es 100% extrovertido o 100% introvertido; todos tenemos algo de las dos tendencias. Los cuatro juegos de preferencias son:

Extrovertido / introvertido

El «E» anhela y desea el contacto social con los demás. A medida que se relaciona con otras personas adquiere más energía y recarga sus pilas psíquicas y emocionales. Se siente solo cuando no está rodeado de personas. Los trabajos y actividades solitarios, como el de bibliotecario, vuelven loco al «E». Le encanta trabajar en equipo y hacer uso de comités.

Mientras el «E» es sociable, el «I» es territorial. Requiere mucho espacio y sitios privados, tanto en su mente como lugares donde pueda estar solo. El «I» recarga sus pilas psíquicas y emocionales al participar en actividades solitarias o con pocas personas. Le gusta más la meditación que una discusión campal entre amigos; prefiere trabajar solo en vez de en comité. Se siente solo cuando está rodeado de muchas personas. No es que las personas no le gustan al «I», sino que al estar con ellas, se le agotan sus pilas psíquicas y emocionales. A veces se siente culpable por no desear más contacto social con los demás.

En las sociedades occidentales, un 75% de la población suele ser extrovertida, mientras que el 25% restante es introvertida. Si pudiese elegir su inclinación, la gente preferiría ser extrovertida. Los introvertidos suelen recibir mala prensa.

Los «E» piensan en términos de amplitud, interacción, muchas relaciones sociales y en gastar la energía que tienen. Los «I» piensan en términos de profundidad, concentración, relaciones sociales limitadas y en conservar su energía.

Visionario / realista

El «V» es una persona de mucha creatividad, innovación, sueños, ideas y visiones en cuanto al futuro. Piensa en las posibilidades, no tanto en las dificultades actuales. Lo posible le atrae como un imán. Por estar pensando en el día de mañana, suele ignorar lo que pasa hoy. Vive augurando lo que va a ocurrir. La realidad de hoy le frena, le obstaculiza y hasta le molesta. Lo que es, puede mejorarse. Consecuentemente, el visionario se siente intranquilo e insatisfecho. Es capaz de saltar de tarea en tarea sin terminar ninguna. Le gustan al «V» las imágenes, la poesía, la ficción y la fantasía. Con frecuencia se encuentra «en las nubes».

Al «R» no le interesa tanto lo que pueda ser, sino las cosas como son, los hechos. Es una persona «práctica». Se fija en la realidad, no en los sueños. Los datos tienen preferencia sobre posibles proyectos. El «R» quiere los hechos, se fía de los hechos y se acuerda de los hechos. Tiene sus pies en el suelo. La experiencia cuenta mucho para el «R». No presta mucha atención a las corazonadas.

Se ha dicho que de las cuatro pares de opciones, las diferencias entre el «V» y el «R» causan el mayor número de malentendidos, fuertes discusiones, peleas y división. El «V» acusa al «R» de ser pesimista, triste, pesado, lento, desesperadamente tardo en aprovechar las oportunidades que se presentan. El «R» acusa al «V» de ser poco práctico, irrealista, caprichoso, inestable, pasajero y hasta chiflado.

Se ha sugerido que un 75% de la población suele tener una inclinación a ser «R», mientras el 25% restante a ser «V». El «V» trabaja sobre la base de la inspiración y emplea palabras como: corazonada, intuición, futuro, posible, fascinante, maravilloso, ingenio, imaginación. El «R» trabaja sobre la base del sudor y emplea palabras como: experiencia, realista, actual, hechos, sensato.

Objetivo / subjetivo

Este juego de inclinaciones trata de la base sobre la cual las personas toman las decisiones. Las decisiones tomadas por el «O» son de carácter impersonal; son objetivas, lógicas y tomadas con la cabeza. El «S» toma las decisiones con su corazón, emociones y sentimientos. Se ha sugerido que un 60% de los hombres tienen una inclinación marcada por «O», mientras un 60% de las mujeres se destacan más bien por «S». No quiere decir que los hombres no tengan sentimientos o que las mujeres no piensen, sino que sus inclinaciones se deciden por uno u otro.

El «O» suele considerar al «S» como un trozo de pan, blando de corazón, incapaz de ser firme, incapaz de enfrentarse con situaciones difíciles, demasiado emocional, ilógico, confuso en su manera de razonar, sentimental y hasta llorón. El «S» suele considerar el «O» como de piedra, sin corazón, con hielo en las venas, frío, mecánico, un intelectual sin sentimientos, inhumano, sin emoción alguna.

Se suele cometer el error de pensar que el «O» no es tan emocionalmente sensible como el «S». Mientras el «O» reacciona con la misma intensidad emocional que el «S», no lo muestra de la misma forma, ni es tan visible su reacción. El «O» considera casi embarazoso y vergonzoso que los demás vean sus emociones. Por eso, se cree que el

«S» es una persona más interesada en los demás, simpática, compasiva y «pastoral». Las emociones fuertes de un «S» pueden producir palidez, una cara roja, lágrimas, nerviosismo, temblor, sudor en las manos, palpitaciones de corazón y pérdida de control corporal. Estas reacciones emocionales suelen ser contagiosas.

El «S» aprecia de manera especial todo lo que sea subjetivo, íntimo y humano. Le interesa mucho la armonía, la simpatía, la devoción, los valores sociales y las circunstancias ajenas a su control. El «O» responde de forma positiva a palabras como: objetivo, principios, normas, leyes, orden, criterio, firmeza, justicia, categorías, evaluación, análisis, blanco y negro. Para el «O» hay poco gris. Los «S» ganan amigos de su posición empleando la persuasión y toman decisiones a la luz del efecto que tendrán sobre las personas que los rodean. Los «O» ganan adeptos a su posición usando argumentos lógicos.

Concluyente / abierto

Este juego de inclinaciones trata de si puedo vivir con las cosas «en el aire» («A»), o si prefiero que los cabos sueltos sean atados, bien atados («C»). El «C» no puede descansar hasta que se tome la decisión. Quiere que los trabajos sean terminados, las fechas y el horario respetados con suma puntualidad, la venta cerrada, las cosas en su sitio y todo ordenado.

El «A» se resiste a tomar una decisión. Prefiere esperar para ver si hay más datos y otras opciones. El escritorio del «A» está desordenado, aunque dice que sabe con exactitud dónde está todo y no ha perdido nada. Mientras que el «C» sigue las normas y leyes a rajatabla, para el «A» las normas son orientativas y existen para que sepa en qué áreas va a hacer excepciones.

El «A» tiene una filosofía del trabajo que podría llamarse «juguetón». El trabajo debe gustar y ser divertido. Descansa y juega primero; habrá tiempo para terminar el trabajo luego. Para el «C» el deber y el trabajo tiene preferencia sobre todo lo demás, incluso el descanso y el recreo. Hará todo lo necesario por terminar una tarea. En un ambiente laboral, el «C» acusa al «A» de ser indeciso, falto de metas, vago y de resistir y obstaculizar las decisiones. El «A» cree que el «C» lo está presionando, es esclavo del trabajo, suele lanzarse a conclusiones de manera precipitada, vive bajo demasiada presión, está orientado hacia la meta a expensas de las personas, es inflexible y arbitrario.

El «C» prefiere palabras como: concluido, decidido, terminado, planeado de antemano, cerrar la venta, tomar decisiones, ¡ya! El «A» prefiere palabras como: pendiente, conseguir más datos, flexible, improvisar, mantener abiertas las opciones, algo ocurrirá, tranquilo, queda mucho tiempo, «¿qué fecha tope?»

Cómo evaluar el cuestionario

Hay varias reacciones erróneas que deben evitarse al evaluar los resultados de este cuestionario. En primer lugar, el intentar cambiarse a sí mismo o a su pareja. Esta meta es muy dudosa, ya que con toda probabilidad las personas no cambian en cuanto a los rasgos principales de su manera de ser. El introvertido siempre será un introvertido. Arrancar los dientes a un león no le convierte en un gato domesticado, sigue siendo león. Lejos de ser un problema, las diferencias de personalidad entre los cónyuges son una gran ventaja. El matrimonio en que los dos son visionarios («V») se encontrará ante el peligro al tener sólo un punto de vista, una sola manera de ver las cosas. Pueden tener problemas llegando a final de mes. Cada marido necesita a su esposa, y cada esposa necesita a su marido.

Un segundo error es el de adoptar un espíritu de rebeldía. Un discípulo de Cristo Jesús nunca debería decir a su pareja: «soy como soy. Por lo tanto, debes aceptarme tal cual soy», cuando su forma de ser está creando problemas inadmisibles e injustificados. Tampoco un espíritu fatalista: «Como nací así, no hay nada que pueda hacer.» Lo que cada cónyuge sí puede y debe hacer es *compensar*. Las personas extrovertidas pueden aprender a no hablar tanto, a no dominar cada conversación, mientras que los introvertidos son perfectamente capaces de cultivar la capacidad de hablar más, en vez de dejar que los demás lleven la conversación.

Un tercer error es pensar que el mejor perfil es aquel en que la persona comparte a partes iguales las dos preferencias. O sea, 50% introvertido, 50% extrovertido. No es un pecado tener una clara tendencia hacia la extroversión («E»), a no ser que el cónyuge caiga en el extremo de hablar tanto que nunca permita que los demás participen en una conversación, interrumpa de forma constante a los demás, o divulgue confidencias al hablar sin pensar primero. Es evidente que le convendría a la persona que sale con unas preferencias extremas (6-1 ó un 12-2) hacer un esfuerzo consciente y continuo por compensar y asegurarse de que sus preferencias tan marcadas no estén creando problemas inaceptables para él, su cónyuge y los demás.

¿Qué pasa cuando los resultados de este cuestionario indican que el cónyuge tiene un perfil, pero su pareja o sus amigos opinan que los rasgos fundamentales de su personalidad son otros? Hay varias explicaciones:

1. El cónyuge se está engañando. Sus respuestas no corresponden a lo que en realidad es como persona. Muchas personas no se conocen a sí mismas. Por lo tanto, contestan el cuestionario de forma sincera, pero equivocada. A veces eligen las respuestas que corresponden a lo que quieren ser porque se rechazan a sí mismas. Esta explicación no es positiva.

2. El cónyuge lleva una fachada. Por el motivo que sea, no deja que los demás lo conozcan. Naturalmente, su pareja y sus amigos se equivocan al decir cómo es. Tampoco es positiva esta explicación.

3. Su pareja y sus amigos se equivocan. No es posible saber con absoluta precisión cómo son los demás. Somos pecadores, tenemos intereses creados, estamos programados por los «estereotipos», etc.

4. Existe un virtual empate en una o más de las preferencias. Nadie es 100% extrovertido o 100% introvertido. Todos somos una combinación de las dos inclinaciones, en mayor o menor grado. Si existe un virtual empate en una o más de las opciones, por ejemplo un 6-8, los demás tendrán dificultades en detectar una clara inclinación, porque no existe. Esta explicación no es negativa ni positiva, sencillamente es uno de los problemas que tenemos como seres humanos por no ser Dios.

5. El cónyuge está compensado de forma magnífica. Una persona muy tímida e introvertida puede aprender a ser más extrovertida, hasta «engañar» a los demás. Puede aprender a compensar, no para engañar, sino porque hay muchas situaciones en la vida que exigen que sea más extrovertida. Esto es positivo.

Después de realizar este cuestionario, el cónyuge haría bien en hacerse varias preguntas: (1) ¿Me conozco a mí mismo? ¿Me reconozco en los resultados? ¿Están de acuerdo las personas que me conocen mejor? (2) ¿Me acepto a mí mismo? ¿Estoy dispuesto a ser lo que soy, en vez de aspirar a ser otra persona? (3) ¿Estoy dispuesto a reconocer en qué áreas de mi vida necesito compensar? (4) ¿Acepto a mi pareja por quién es? ¿Acepto las diferencias que existen entre nosotros como sanas y legítimas en principio? Lo que un cónyuge nunca debería decir a su pareja es: «yo sé cuál es tu problema, ¡eres un visionario!»

LOS CÓNYUGES SE NECESITAN

La fuerza y la debilidad viven juntos. No es posible gozar de las ventajas y fuerzas de la extroversión, sin tener que entenderse con las debilidades de la misma. Cada inclinación cuenta con sus propias fuerzas y debilidades. Por eso, los cónyuges se necesitan tanto.

La autoevaluación que encontramos a continuación aporta tres beneficios. En primer lugar, permite al cónyuge comprobar los resultados del cuestionario. Si el cuestionario indica que es un extrovertido, lo lógico es que identificara más debilidades suyas en la lista de los extrovertidos que en la de los introvertidos. En segundo lugar, le permite identificar en términos concretos aquellas áreas en las que ha de hacer un esfuerzo consciente para compensar. Por último, le ayudará a apreciar los puntos fuertes de la personalidad de su pareja y contar con su ayuda.

Para realizar esta autoevaluación, cada cónyuge debe dirigirse primero a las cuatro inclinaciones suyas. Por ejemplo, el extrovertido se dirigirá primero a la sección para extrovertidos y tachará en la columna derecha aquellas debilidades que reconoce en su vida. Es dudoso que las tache todas, ya que las circunstancias de la vida le habrán obligado a aprender a compensar. Una vez que el extrovertido haya terminado con su sección, debería dirigirse a la columna derecha de los introvertidos. Como todos somos una combinación de las dos inclinaciones, el extrovertido encontrará alguna debilidad en la sección para introvertidos.

Si el cónyuge que salió en el cuestionario como un extrovertido encuentra que ha tachado más debilidades en la sección para introvertidos que en la de extrovertidos, es probable que sea un introvertido. No pasa nada. No es un pecado ser introvertido, ni es inferior el introvertido al extrovertido. El gran valor de este ejercicio es que habrá descubierto quién es. Lo que el cónyuge conoce de sí mismo, lo puede controlar. Lo que desconoce de sí mismo, lo está controlando. Si se conoce, sabrá en qué áreas de su vida ha de hacer un esfuerzo para compensar y admitir la ayuda idónea de su pareja.

NOTAS

1. La teoría de los tipos psicológicos fue desarrollada por el psiquiatra suizo Carl Jung (1875-1961) como una manera de explicar las diferencias en comportamiento de las personas que carecen de una explicación aparente. Katherine Cook Briggs (1875-1968) e Isabel Briggs Myers (1897-1980) llevaron la teoría de Jung un paso más allá y crearon un cuestionario que detecta el tipo de personalidad de los individuos. Véase *Introduction to Type* por Isabel Briggs Myers, quinta edición (Consulting Psycholgists Press: Palo Alto, California. 1993). Después de 50 años de investigación, este cuestionario, que lleva el nombre de Isabel Briggs Myers, se ha convertido en el más empleado como modelo en los libros y cuestionarios sobre los tipos de personalidad. Véanse *Please Understand Me* por David Keirsey y Marilyn Bates (Prometheus Nemesis Books: Del Mar, California. 1978); y *Type Talk* por Otto Kroeger y Janet M. Thuesen (Bantam Doubleday Dell Publishing Group: Nueva York).

EXTROVERTIDO

Fuerza	Llevado a un extremo
Prefiere estar con otros	___ Necesita que alguien esté siempre a su lado
Le gusta trabajar en equipo	___ Le es difícil trabajar solo en cualquier proyecto
Se siente cómodo con el medio que lo rodea	___ Se distrae con facilidad con otras personas o eventos
Se comunica abiertamente con otros	___ Utiliza tiempo valioso, revelando demasiado de sí mismo
Actúa con rapidez, tiene un sentido de lo urgente	___ Actúa sin tener en cuenta todas las consecuencias
Evita todo procedimiento complicado	___ Simplifica demasiado las situaciones complejas
Le interesa ver resultados en su trabajo	___ Su orientación hacia los resultados no le permite ver todo el cuadro, o las necesidades a largo plazo
Le gusta la variedad en el trabajo	___ No tiene paciencia para realizar un trabajo completo o muy a fondo

INTROVERTIDO

Fuerza	Llevado a un extremo
Independiente de los demás	___ Resiste la influencia de otros
Trabaja felizmente solo	___ Evita el trabajo en grupo
Se encuentra a gusto en el mundo de ideas y conceptos	___ Presta insuficiente atención a eventos externos
Guarda bien una confidencia	___ No da información suficiente
Piensa con cuidado antes de tomar cualquier acción o decisión	___ Deja pasar el tiempo en que debería actuar
Cuidadoso con los detalles, no le gustan afirmaciones amplias o generalizaciones	___ Le es difícil ir al grano, resumir
Le interesa saber por qué hay que hacer una tarea	___ No le preocupan lo suficiente los resultados que deberían lograrse
No le importa trabajar en un proyecto por mucho tiempo sin interrupciones	___ Necesita concentrarse por entero; es intolerante con las interrupciones que no se pueden evitar

REALISTA

Fuerza	Llevado a un extremo
Prefiere normas sistematizadas, reglas establecidas para tomar una decisión	___ Puede promover soluciones que carecen de creatividad e imaginación
Atiende a los detalles	___ No ve el cuadro completo (el bosque) al sumergirse en los detalles (los árboles)
Tiene buena memoria y se acuerda de los detalles con exactitud	___ No ve las implicaciones amplias o generales al tener la memoria llena de detalles
Trabaja con los hechos concretos de una situación	___ Ve una situación en términos de blanco y negro, e ignora el gris
Le gusta usar las capacidades que ya domina	___ Evita aventurarse en situaciones nuevas
Trabaja con constancia	___ Puede ser demasiado lento

VISIONARIO

Fuerza	Llevado a un extremo
Le agrada solucionar problemas nuevos o poco usuales	___ Se aburre con los problemas rutinarios
Ve las posibilidades en cada situación	___ No ve los hechos pertinentes ni los detalles
Tiene mucha imaginación	___ No es realista ni práctico
Tiene impresiones generales de una situación	___ Comete errores al recordar hechos específicos
Sigue la inspiración	___ Puede apoyarse en inspiraciones pobres
Le agrada capacitarse en algo	___ Pierde el interés a la hora de aplicar los principios
Trabaja en una explosión de energía, impulsado por el entusiasmo	___ Pierde en productividad cuando disminuye su energía o mengua su entusiasmo

OBJETIVO

Fuerza	Llevado a un extremo
Analítico	___ Puede analizar demasiado una cuestión, hasta paralizarse
Objetivo	___ Excluye lo subjetivo
Capacidad crítica, convence a los demás con razones y argumentos lógicos	___ Puede parecer frío, como una computadora
Firme	___ Puede ignorar el valor de hacer concesiones y buscar un término medio
Impersonal	___ Puede parecer frío, que no le importan las necesidades humanas
No muestra emoción, no es emotivo	___ Puede dar la apariencia de falta de calor humano
Se apoya en la lógica	___ Tal vez se le escape lo que no se puede definir por lógica o es ilógico

SUBJETIVO

Fuerza	Llevado a un extremo
Su orientación hacia las personas	___ Puede ignorar los requisitos de unos trabajos o de una situación
Tiene en cuenta las emociones de los demás	___ Puede preocuparse demasiado por el estado de ánimo de los demás
Persuasivo, despierta interés, apela a las emociones	___ Manipulador, melodramático
Compasivo	___ Protege demasiado los intereses de los demás
Entiende las necesidades y los valores de otros	___ Puede parecer que le falta convicción propia, que es demasiado flexible o afectivo
Muestra sus sentimientos	___ Demasiado emocional
Desea armonía	___ Evita conflicto productivo y saludable

CONCLUYENTE

Fuerza	Llevado a un extremo
Confía en sí mismo al tomar decisiones	___ Puede carecer de datos para toma una buena decisión
Le gusta hacer planes y trabajar de acuerdo con un plan	___ Se frustra cuando sus planes y prioridades son cambiados con rapidez
Prefiere trabajar con lo que es esencial	___ Puede ignorar detalles importantes de una situación
Le gusta organizarse, atar bien lo que tiene delante	___ Puede insistir en tomar una decisión de forma precipitada, sólo para poder empezar a trabajar en el siguiente proyecto
Se siente satisfecho una vez tomada la decisión	___ Puede ser inflexible y no querer cambiar o modificar una decisión, aunque han salido a la luz nuevos datos

ABIERTO

Fuerza	Llevado a un extremo
Consulta con otros antes de tomar una decisión	___ Depende demasiado de la opinión de otros para tomar la decisión
Toma tiempo para considerar e indagar los aspectos de una decisión antes de tomarla	___ Puede tomar demasiado tiempo para considerar facetas de un problema que carece de importancia
Flexible, se mantiene abierto al cambio	___ Puede tener problemas para llegar a una decisión
Abierto a la información que se contradice	___ Tal vez no discrimine o distinga lo suficiente entre muchas opiniones
Continúa siendo curioso y acepta cualquier dato nuevo sobre una determinada situación o decisión	___ Puede ser incapaz de decidirse y llegar a una conclusión por temor a no tener todos los datos necesarios
Puede cambiar de opinión después de haber tomado una decisión	___ Puede crear ansiedad en los que tienen que llevar a cabo la decisión

CAPÍTULO 11

Autoridad

⌒⌒⌒

$\mathcal{E}$l principio de liderazgo forma parte de la relación que gozan las tres personas de la Trinidad. Aunque no hay muchos textos sobre este tema, hay insinuaciones más que claras. Justo antes de encarnarse, cuando todavía se encontraba en forma de Dios, el Hijo se comprometió a cumplir la voluntad del Padre. «He aquí que vengo, oh Dios, para hacer tu voluntad» (He. 10:9). Primera de Corintios 11:3 también indica que el Padre ejerce un liderazgo sobre el Hijo: «Pero quiero que sepáis que Cristo es la cabeza de todo varón, y el varón es la cabeza de la mujer, y Dios la cabeza de Cristo.»

Por lo tanto, las declaraciones de sumisión por parte de Jesús a la voluntad del Padre durante su ministerio terrenal no pueden explicarse meramente por el hecho de que se encontraba en forma de hombre (Jn. 4:34; 5:30; 6:38; 9:4; 12:49; 14:31; 15:10; 17:4). Luego, Jesús promete a sus discípulos que les enviaría al Espíritu Santo (Jn. 16:7), dando a entender su liderazgo sobre la tercer persona de la Trinidad.

Dicho liderazgo no implica inferioridad ni superioridad. Cada persona de la Trinidad goza del mismo valor intrínseco y es igualmente Dios, a pesar de tener responsabilidades distintas. El principio de liderazgo existe en la Trinidad por cuestión de orden y de coordinación de las distintas actividades de las tres personas, no debido a la presencia del pecado. Dios quiere que todo se haga «decentemente y con orden» (1 Co. 14:40).

Si existe liderazgo en la Trinidad y si Dios creó al primer matrimonio con el propósito de que los cónyuges reflejaran en su relación el uno con el otro la relación que existe entre las tres personas de la Trinidad, es lógico concluir que el principio del liderazgo del marido existía en el primer matrimonio *antes* de la caída. Por lo tanto, la mención de liderazgo en Génesis 3:16, en medio de las maldiciones provocadas por la entrada del pecado en el mundo, no representa el comienzo del principio de liderazgo, como si fuese una consecuencia de la caída de los primeros seres humanos, sino una descripción de cómo el pecado corrompió el liderazgo del marido *después* de la caída. En vez de ejercer una autoridad bíblica, el pecado lleva al típico marido a «enseñorearse» (Gn. 3:16; RVR60) de su esposa, a ejercer «dominio» (BLA) sobre ella.

De todos los temas que los cónyuges han de tratar para cultivar en su matrimonio esa unidad que existe en la Trinidad, el liderazgo en el matrimonio es el más difícil de tratar. En primer lugar por los abusos cometidos. Toda cultura ha distorsionado, en menor o mayor grado, el principio de liderazgo y autoridad. Mientras que algunas culturas consideran a la esposa como una esclava sin derecho a opinar, en otras el marido no ejerce casi ninguna clase de liderazgo.

En segundo lugar, porque a nadie le gusta someterse. Según 1 Corintios 11:3, el Padre ejerce un papel de liderazgo sobre el Hijo, el Hijo sobre el marido, y el marido sobre su esposa. Es verdad que se han cometido muchos abusos, pero esa no es la única razón por la resistencia por parte de muchas mujeres al liderazgo de sus maridos. Muchas esposas se niegan a someterse al liderazgo de sus maridos por el mismo motivo que sus esposos se niegan a someterse a Cristo: ¡no quieren! Todos somos rebeldes, tanto las mujeres como los hombres.

Al considerar este tema, no nos interesa promover la cultura de nuestro país de origen, sino buscar una cultura bíblica en aquellas cosas en que las Escrituras hablan con claridad. La autoridad dentro del matrimonio es un tema del que la Palabra de Dios habla con claridad.

Para acertar en nuestra definición del liderazgo en el matrimonio, es imprescindible que tengamos en cuenta tres verdades bíblicas que se encuentran precisamente en contextos bíblicos que tratan del matrimonio. Como Dios no se contradice a sí mismo, cualquier definición de liderazgo que contradiga una de estas verdades se ha de descartar como errónea.

LA IMAGEN DE DIOS EN LA MUJER

La mujer, igual que el hombre, fue creada a la imagen de Dios (Gn. 1:27). Aunque cuenta con diferencias físicas y emocionales, es de igual valor intrínseco; no es inferior al hombre. Desempeñar diferentes responsabilidades no es sinónimo de inferioridad. En aquellos países donde el Evangelio ha hecho mella, el estado de la mujer se ha elevado. Por el contrario, donde el Evangelio se ha resistido y rechazado, la mujer es considerada por el hombre como poco más que una esclava.

Ayuda idónea

Eva tenía la responsabilidad de ser una «ayuda idónea» para Adán (Gn. 2:18, 20). Estas palabras en hebreo significan «adecuado para responder a, complementar a». La ayuda que Eva podía prestarle no se trataba de más mano de obra para cuidar del huerto; Adán ya lo hacía él solo. Tampoco era cuestión de guisar; Adán comía directamente de los árboles. Ni mucho menos de planchar ropa; no la llevaba. Lo que sí necesitaba Adán era alguien con quien compartir su vida, alguien que pudiera llenar el hueco que había en su vida, otra persona con un enfoque de la vida que complementara el suyo.

Dios no pretendía que los cónyuges viviesen de forma *in*dependiente donde los esposos tienen poca o ninguna relación. Ni de forma *de*pendiente donde uno de los dos adopta el papel de un niño en vez de un adulto. Sino de forma *inter*dependiente en la que los dos cónyuges aportan ideas y toman la iniciativa de ofrecer de lo suyo para promover y mejorar su relación.

Una de las maldiciones de la caída para la mujer fue que «tu deseo será para tu marido» (Gn. 3:16). ¿Es posible que esta frase quiera decir que la mujer llegó a exagerar su papel de someterse hasta el extremo de convertirse en una persona *de*pendiente, igual que el pecado empuja al hombre a exagerar su papel de líder hasta el extremo de convertirse en una persona *in*dependiente que ejerce un liderazgo tiránico?

El liderazgo del marido

En su sentido más elemental, liderazgo significa que uno dirige y otro sigue. Las Escrituras otorgan al marido la *responsabilidad*, no el *derecho*, del liderazgo con su correspondiente autoridad, y a la esposa la responsabilidad de someterse al mismo (Gn. 3:16; Ef. 5:22-24, 33; Col. 3:18; Tit. 2:4, 5; 1 P. 3:1, 2).[1]

Algunos rechazan el concepto del liderazgo del marido al sugerir que hemos de interpretar los textos sobre la sumisión de la mujer como una expresión de la cultura judía. Para ellos el machismo de Pablo es un reflejo de esa cultura. Sugieren, por lo tanto, que la mujer de hoy día no tiene que someterse a su marido. Sin embargo, esta interpretación ignora que el principio de la sumisión estaba presente entre los miembros de la Trinidad antes de la creación del hombre. En segundo lugar, pierde de vista el hecho de que el principio de la sumisión de la esposa al marido fue establecido *por Dios* y que observamos ese principio en acción en el huerto del Edén, al menos después de la caída, *cuando aún no existía lo que llamamos cultura*. Así que la sumisión no es una cuestión cultural.

Otros sugieren que las palabras «someteos unos a otros» de Efesios 5:21, justo antes de la enseñanza paulina sobre la sumisión de la esposa en los versículos 22-24, significa que los cónyuges deben someterse el uno al otro, y que tanto la mujer como el hombre ejercen liderazgo en su relación. Existen dos grandes problemas con esta interpretación. En primer lugar, elimina el concepto de liderazgo; la pareja queda empatada. La filosofía de 50-50 suena muy democrática y progresista, pero es impráctica por completo cuando los cónyuges no pueden ponerse de acuerdo.

En segundo lugar, esta interpretación contradice el fluir y el propósito del contexto. En el versículo 18 Pablo manda al creyente a ser lleno del Espíritu Santo. Los versículos 19-21 identifican tres manifestaciones de un creyente que está lleno del Espíritu: alaba a Dios (v. 19); es agradecido (v. 20); y se somete a personas con autoridad (v. 21). Entonces, el apóstol Pablo cita a tres personas en la vida cotidiana que han de someterse a alguien: las esposas a los maridos (5:22-33); los hijos a los padres (6:1-4); y los esclavos a los amos (6:5-9). Si entendemos que «someteos unos a otros» quiere decir que los cónyuges deben someterse el uno al otro, para ser consecuente con este pasaje, tendríamos que entender que los padres deben someterse a sus hijos y los amos a sus esclavos. ¡Menudo caos! Decir que los maridos, padres y amos han de tomar en consideración las necesidades de sus esposas, hijos y esclavos es jugar a semántica y torcer el significado de la palabra «someteos» en este texto.

Hay quienes sugieren que la frase: «no hay varón ni mujer; porque todos vosotros sois uno en Cristo Jesús» (Gá. 3:28), elimina el concepto de liderazgo y sumisión en el matrimonio. Esta interpretación cuenta con dos problemas. En primer lugar, parte de la premisa equivocada de que el liderazgo es fruto y resultado del pecado. Argumentan que Cristo elimina el liderazgo cuando resuelve el problema del pecado ya que éste es resultado de la caída. Esta interpretación ignora que el liderazgo existe en la Trinidad. En segundo lugar, ignora que el contexto de este versículo tiene que ver con la salvación, que todos son por igual invitados a confiar en Cristo, a pesar de su raza («no hay judío ni griego»), estado civil («no hay esclavo ni libre»), o sexo («no hay varón ni mujer»). Este texto no tiene nada que ver con los distintos papeles de los cónyuges.

Otros insisten en que la etimología de la palabra «cabeza» (1 Co. 11:3; Ef. 5:23) conlleva la idea de «fuente», lo que sería una referencia a Génesis 2:21 donde Dios forma a Eva de una costilla de Adán. Sin embargo, la etimología de una palabra rara vez representa el significado de la misma en un texto determinado. En segundo lugar, si «cabeza» significa «fuente» en 1 Corintios 11:3, para ser consecuente con este pasaje, tendríamos que entender que el Padre es el creador del Hijo, una herejía de Arrio que fue adoptada siglos más tarde por la secta de los Testigos de Jehová.

Tanto hombres como mujeres han pensado o expresado verbalmente las declaraciones que se citan a continuación. Cada una contradice la enseñanza bíblica sobre la imagen de Dios en la mujer, la mujer como ayuda idónea o el liderazgo del marido. ¿Puedes identificar cuál es la enseñanza bíblica que la persona que hace dichas afirmaciones ignora o no quiere tomar en cuenta? Según el enfoque de la persona que hace dichas declaraciones, puede haber más de una respuesta en algunas de ellas. Colocar una «X» en la casilla que corresponde a la verdad que cada declaración ignora o contradice.

	Imagen	Ayuda	Liderazgo
1. La mujer debe callarse y no cuestionar las decisiones de su marido.			
2. La mujer como ser humano es inferior al hombre.			
3. El marido debe tener la única palabra en cada decisión.			
4. La mujer debe someterse sólo cuando su marido hace la voluntad de Dios.			
5. La mujer debe acoplar su vida y sus opiniones por completo a las de su marido. Debe pensar igual que él.			
6. La mujer debe limitarse a limpiar la casa, criar a los hijos, fregar platos, planchar, etc.			
7. Cuando el marido no tiene razón, la mujer queda exenta de su deber de someterse.			
8. El marido dice: «Yo dejo a mi mujer tomar todas las decisiones. Así somos felices como matrimonio.»			
9. La mujer debe someterse cuando su marido está presente, pero queda en libertad para controlar o manipular la situación en beneficio del hogar cuando está ausente.			
10. El marido siempre tiene razón.			
11. La mujer dice: «Yo dejo a mi marido tomar todas las decisiones. Así somos felices como matrimonio.»			
12. La mujer dice: «Mi marido es la cabeza, pero yo soy el cuello que mueve la cabeza.»[2]			

UNA DEFINICIÓN DE LIDERAZGO

El marido que acepta la enseñanza bíblica sobre la imagen de Dios en la mujer respeta a su esposa como igual a él en valor como ser humano.

El marido que acepta la enseñanza bíblica sobre la ayuda idónea que Dios pretendía que le fuese la mujer cuando la creó, no sólo permite, sino que promueve la participación de su esposa en todo lo que ocurre en su matrimonio. Para tomar decisiones correctas, es preciso que ambos cónyuges tomen la iniciativa de aportar sus ideas y puntos de vista. Cuando los cónyuges dedican tiempo suficiente para considerar todas las posibles opciones y opiniones, en la gran mayoría de las veces serán capaces de llegar a una decisión aceptable para los dos.

El marido que acepta la enseñanza bíblica sobre el liderazgo del varón acepta la responsabilidad que Dios le ha delegado. A la vez se somete a Cristo (1 Co. 11:3), y busca su guía y dirección en su papel como líder del hogar, evitando así esa clase de liderazgo que se «enseñorea». Por reconocer a su esposa como una persona creada con la misma imagen de Dios como él y contar con ella como ayuda idónea, se niega a tener la *única* palabra en las decisiones del hogar.

Sin embargo, cuando los cónyuges no pueden llegar a un acuerdo, el esposo sí tiene la *última* palabra. Entonces puede elegir una de cuatro opciones.

- Crear de las dos opciones propuestas por los cónyuges una tercera opción que incluya los intereses principales de los dos.
- Adoptar la opinión de su esposa. Liderazgo no significa que el marido siempre se sale con la suya cuando los cónyuges no pueden llegar a un acuerdo, sino que tiene la última palabra. Si adopta la opinión de su esposa y las cosas no salen bien, el marido no tiene el derecho de criticarla.
- Esperar para ver si algún dato nuevo aparece que cambia la opinión de uno de los cónyuges. Cuando no pueden llegar a un acuerdo, es posible que les falte más información.
- Adoptar su propia opinión. El concepto de sumisión implica que la esposa no está de acuerdo con su esposo. Si los cónyuges siempre estuviesen de acuerdo, la sumisión no sería necesaria. No le conviene al marido acudir a esta opción muy a menudo. Se puede insistir en ganar una batalla (¿dónde viviremos?), pero perder la guerra (matrimonio). No vale la pena ganar algunas batallas.

La dictadura

Una de las cosas más difíciles de conseguir en la vida es un equilibrio. El pecado siempre nos empuja hacia los extremos. Cada marido se encontrará con la tentación de dejarse llevar hacia uno de esos extremos: la dictadura o la pasividad.

La dictadura es esa clase de liderazgo en el que el marido se reserva para sí mismo no sólo la última palabra, sino también la única palabra. Por regla general, el marido que es dictador padece de uno de dos problemas. En primer lugar, tiene un bajo concepto de sí mismo. Por consiguiente, su propio orgullo no permite que la mujer tome responsabilidad por algo, por si acaso le hiciera sombra. Al dictador le resulta más fácil ser mandón que ser humilde y admitir una buena sugerencia de su esposa o delegarle una responsabilidad. Le es más fácil mandarla a callar que rebatir sus opiniones y argumentos. En segundo lugar, tiene un bajo concepto de las mujeres en general. No admite que hayan sido creadas con la misma imagen de Dios que el hombre y que puedan ser más capaces en ciertas tareas que algunos hombres.

La dictadura siempre extingue el amor de la esposa. Le obliga a perder su propia identidad y ser una simple extensión de su marido. No le permite realizarse como persona, de ser lo que es, o llegar a ser todo lo que puede. Por último, la dictadura provoca una pugna por el poder y el liderazgo por parte de la mujer.

La pasividad

La pasividad es muy común en los hombres tímidos. Suelen casarse con mujeres que son extrovertidas, decididas y de opiniones muy fijas. Algunos hombres prefieren que sus esposas les sean madres en vez de esposas. Muchos preferirían no tener que ser cabeza de su familia. No son líderes natos y nunca llegarán a serlo en la sociedad, en su empleo o en la iglesia. También hay mujeres que son magníficas líderes y que ocupan posiciones de liderazgo allí donde vayan. El don de liderazgo no se ha repartido de manera exclusiva a los hombres. Sin embargo, las Escrituras no conceden a los cónyuges el derecho de cambiar sus papeles sencillamente porque el marido no sea un líder nato.

El marido que no asume su papel de líder coloca a su esposa en una posición sumamente complicada y difícil. Si no toma el mando, ¿qué debería hacer la esposa si cree que sus hijos y su matrimonio corren el peligro de venirse abajo? No hay una respuesta correcta, clara, ni fácil. Pero si la esposa toma la decisión de ocupar el liderazgo del hogar, debe estar advertida de dos realidades muy crueles.

En primer lugar, puede crear problemas serios para los hijos, entre los cuales se encuentra la posibilidad de una inclinación hacia la homosexualidad. La mayoría de los psicólogos y médicos opinan que la mayor causa de la homosexualidad en los varones es precisamente el cambio de papeles por parte de los padres, en el que la mujer asume el papel de líder. Los homosexuales no nacen, se hacen.

En segundo lugar, el marido nunca se sentirá obligado a tomar el mando, ya que su esposa se ha encargado de dirigir todo el hogar. Tampoco se sentirá culpable cuando las cosas vayan mal. Le echará la culpa a su mujer, porque es ella quien ha tomado decisiones.

¿Qué puede hacer una mujer cuyo marido es pasivo? Sobre todo, debe apoyar a su marido en las raras veces que sí toma una decisión. Luego, en las decisiones que pueden aplazarse sin peligrar el hogar, debe dejarlas correr para que el marido sepa que no las tomará por él. En lo que sea posible, debe dejar que el marido se enfrente a los problemas que esa falta de decisión trae. Por ejemplo, si debe depositar dinero en el banco y no lo hace, dejar que él se enfrente con el reproche del director del banco.

Sin embargo, hay otras decisiones que no pueden esperar. Si el marido sigue pasivo, su esposa puede decirle: «Necesito una decisión sobre...» Si su marido no quiere tomar una decisión, puede decirle: «He pensado que podríamos... Si no me dices lo contrario, entenderé que estás de acuerdo y que es tu decisión seguir adelante con este plan.»

UNA DEFINICIÓN DE SUMISIÓN

La sumisión es el acto de ceder paso a la voluntad o a la autoridad de otra persona. Para que la sumisión de la esposa refleje la unidad que existe en la Trinidad ha de ser voluntaria y gozosa, no forzada ni obligada. Es de esperar que nazca del amor y del respeto que la mujer tiene para con su marido.

Efesios 5:22-33 enseña que el marido ha de amar a su esposa, y que la esposa ha de someterse al liderazgo de su esposo. Pero es curioso como Pablo se expresa en el último versículo de esta sección: «Por lo demás, cada uno de vosotros ame también a su mujer como a sí mismo; y la mujer respete a su marido.» ¿No debería haber dicho: «...y la mujer se someta a su marido»? Para el Apóstol existe una relación íntima entre el respeto y la sumisión. El respeto es un requisito previo de la verdadera sumisión. Es sumamente difícil para una mujer someterse a un marido que no respeta. Al respetarlo por su *persona*, le será más fácil someterse a él por su *posición*. Por el contrario, cuando un marido no gana o merece el respeto de su esposa, la coloca en una situación en la que le será más difícil someterse a él por su posición. Sin embargo, una falta de respeto a la persona de su marido no libra a la esposa de su responsabilidad de someterse a su liderazgo.

La sumisión es para las esposas, no para las novias. El novio que exige que su novia se someta durante su noviazgo con mucha probabilidad empleará la dictadura como su estilo de liderazgo preferido una vez casado. La novia que nota esta tendencia en su prometido debe aclarar cuáles son sus ideas de liderazgo y sumisión antes de casarse para que haya una relación sana después de la boda.

Como al Señor

Al someterse a su marido, la esposa en efecto se somete al Señor. O sea, la esposa se somete a su marido porque se lo pide el Señor, no porque su marido siempre tiene la razón.

Algunos han sugerido que la frase «como al Señor» (Ef. 5:22) significa «obedecer a mi marido siempre y cuando ande en la voluntad de Dios». Aplican el concepto de la voluntad de Dios no sólo a cuestiones morales, como el robar o mentir, lo que es absolutamente bíblico, sino también a la dirección de Dios en cuestiones no morales, como en qué parte de la ciudad deben comprar una vivienda o a qué escuela deben enviar sus hijos. Concluyen, por lo tanto, que la esposa queda libre para cumplir con lo que ella entiende como la guía divina si cree que su marido no está siguiendo la voluntad de Dios en cuestiones no morales.

Hay dos razones contundentes para rechazar esta interpretación. En primer lugar, en este mismo contexto se manda a los hijos que obedezcan a sus padres «en el Señor» (6:1). También los siervos son exhortados a obedecer a sus amos «como al Señor» (6:7). Si estas frases significan «sólo cuando mi padre o mi amo tienen la razón, andan en el Señor, cumplen con la voluntad de Dios, siguen su guía», acabamos de crear una anarquía impresionante en las relaciones familiares y laborales. En segundo lugar, si 1 Pedro 3:1, 2 manda a la esposa de un marido inconverso a someterse a su esposo, un hombre que en la mayoría de sus decisiones no buscará la guía de Dios, cuánto más debe la esposa de un creyente someterse a su marido por muy lejos que ande del Señor.

En todo

«En todo» (Ef. 5:24) quiere decir que no hay ninguna área del matrimonio que la mujer puede considerar como su coto privado. El marido es líder de cada área de su matrimonio. Si delega a su esposa la responsabilidad de llevar las finanzas del hogar, sigue siendo el líder aunque su esposa toma el 95% de las decisiones económicas. En cualquier momento puede pedir una explicación de las cuentas. «En todo» no quiere decir que el marido tiene que dar su opinión o decidir cada detalle del menú, las decoraciones del hogar y muchas de las cosas típicas que las mujeres suelen llevar mejor que el hombre.

Es evidente que «en todo» no quiere decir que la mujer creyente debe atender a un marido que le exige que robe o mienta. «En todo» no elimina las enseñanzas bíblicas sobre cuestiones morales. Cuando el marido maltrata físicamente a su hijos o comete incesto, la esposa debe enfrentarse con su marido con todas sus fuerzas y hasta denunciarlo ante las autoridades si no se resuelve el problema.

¿Debe una esposa creyente obedecer a su marido no creyente si le prohíbe bautizarse, asistir a los cultos, relacionarse con otros creyentes, leer su Biblia u ofrendar a la iglesia? Mientras actos de *comisión* como el mentir y robar son fáciles de rechazar como no aceptables, los actos de *omisión* (no bautizarse, etc.) provocan una variedad de opiniones entre los creyentes.

A su propio marido

Tarde o temprano cada esposa descubrirá que el marido de alguna amiga suya supera a su propio marido en algo. Cada esposa quiere adquirir los mejores consejos posibles. Pero colocar a su marido en una posición de competencia con el esposo de otra mujer es cometer un gran error. Efesios 5:22 manda que las esposas se sometan a sus propios maridos, no a los esposos de otras.

Con su vocabulario

Cuando Sara se dirigía a Abraham lo llamaba «señor», una costumbre que demostraba sumisión en aquellos tiempos y cultura (1 P. 3:6). Aunque esta costumbre no cuajaría en la mayoría de las culturas occidentales de hoy, el principio es claro. La esposa muestra sumisión, o la falta de la misma, por la manera en que le habla a su marido. Palabras agudas, un tono de voz subido y una insistencia en continuar discutiendo aunque el marido ya ha tomado una decisión, suelen indicar una falta de sumisión.

¿QUIÉN DECIDE?

Todo matrimonio ha de llevar a la práctica los principios bíblicos de liderazgo de y sumisión. ¿Quién debe tomar las decisiones a continuación? Después de que los cónyuges hayan contestado esta pregunta por separado, colocando al lado de cada decisión la letra de la respuesta que refleja su opinión, deben comparar sus respectivas respuestas para ver en qué áreas necesitan llegar a un acuerdo. Tomar el tiempo de aclarar quién tomará qué decisiones, es la mejor manera de evitar conflictos y promover la unidad en el matrimonio. Al final de la lista los cónyuges pueden añadir aquellas decisiones sobre las que acostumbran a discutir fuertemente y llegar a un acuerdo sobre cómo van a tomarlas en el futuro.

A. Marido solo

B. Esposa sola

C. Esposo inicia, pero esposa confirma

D. Esposa inicia, pero esposo confirma

E. Los dos cónyuges

F. Me da igual

⟨∾⟩∾⟨∾⟩

_____ 1. El decorado del hogar: papel pintado, colores, clase de corti-
nas, etc.
_____ 2. La ropa de la esposa
_____ 3. La hora de la comida
_____ 4. La marca de coche que compraremos
_____ 5. La comida
_____ 6. El tamaño y lugar geográfico del apartamento que compraremos
_____ 7. Los muebles
_____ 8. El peinado y maquillaje de la esposa
_____ 9. El número de hijos
_____10. La iglesia en la que seremos miembros
_____11. La disciplina de los hijos
_____12. La escuela donde estudiarán nuestros hijos
_____13. Dónde pasaremos nuestras vacaciones
_____14. La distribución de nuestros recursos económicos
_____15. El control de cuentas bancarias, recibos, facturas, etc.
_____16. Con qué frecuencia y a quiénes invitaremos a casa para una
comida o tiempo social
_____17. La frecuencia de relaciones sexuales
_____18. Los privilegios que concedemos a nuestros hijos
_____19. Si la esposa puede trabajar fuera del hogar, y en el caso de que
sí, qué clase de empleo
_____20. Decisiones sobre las que hemos discutido mucho en el pasado

Notas

1. Mientras que no existe ningún texto claro que lo diga, sí hay un claro pre-
cedente neotestamentario que nos lleva a creer que los principales líderes
de la iglesia local deberían ser varones (1 Ti. 2:11-14). Sin embargo, es
significativo que la Biblia no dice nada de la sumisión de la mujer en la
sociedad. Al parecer a Dios no le importa que los gobernadores sean hombres o mujeres. De hecho, se ha comprobado que las mujeres son sumamente capaces para llevar a cabo tareas que siglos antes estaban reservadas
para los hombres.
2. (1) La persona que hace esta afirmación ignora que la mujer también fue
creada a la **imagen de Dios**, y contradice la enseñanza sobre la **ayuda
idónea** que la esposa debe ser para su marido. (2) **Imagen de Dios**. (3) Si
es así, ¿cómo puede serle la esposa una **ayuda idónea**? (4) **Liderazgo**.
(5) Si la mujer opina igual que su marido, nunca le podrá ser una **ayuda
idónea**. Además, hay quienes hacen dicha afirmación ignorando que la
mujer también fue creada a la **imagen de Dios**. (6) **Imagen de Dios**, ya
que menosprecia la imagen de Dios en la mujer. (7) **Liderazgo**.

(8) **Liderazgo**, ya que el marido abdica como líder del hogar. (9) **Liderazgo**. (10) **Imagen de Dios** por cuanto la persona que hace dicha afirmación considera a la mujer inferior al hombre. (11) **Ayuda idónea**, ya que la mujer abdica de ayudar a su marido. (12) **Liderazgo.**

CAPÍTULO 12

Resolución de conflictos

$\mathcal{E}$l conflicto matrimonial siempre ha recibido muy mala prensa. Mientras que nadie es partidario de promover el enfrentamiento como estilo de vida matrimonial, convendría a muchos cónyuges desdramatizar el tema y ver su lado positivo. El conflicto puede aprovecharse. Considera estas verdades en cuanto al conflicto:

El conflicto es inevitable. Puesto que somos seres imperfectos, es imposible eliminarlo del todo. Por lo tanto, no es una meta realista la eliminación de todo enfrentamiento. La pareja que dice que nunca tiene conflictos, o está mintiendo o uno de los dos está muerto. O sea, uno de los cónyuges ha sido aplastado psicológicamente por su pareja, no se siente con la libertad de opinar, siempre cede paso al otro, o ha perdido su propia identidad.

El conflicto puede brotar por razones legítimas. Muchos de los problemas que surgen en el matrimonio son el resultado de un acto o de una actitud pecaminosa de uno de los cónyuges, o de los dos. En este caso la única respuesta aceptable y eficaz es la confesión, el acto de llamar al pecado por su nombre, poniéndose de acuerdo con Dios en cuanto a la naturaleza del acto, y el arrepentimiento, un cambio de mente que resulta en un abandono del pecado en cuestión. Se trata de la tercera meta de Dios para el matrimonio: la santificación progresiva de los cónyuges.

Pero hay otros conflictos que surgen por razones legítimas. En primer lugar, por las necesidades y deseos de los cónyuges. Por ejemplo, el marido quiere una relación sexual más frecuente que su esposa y se queja cuando percibe que su esposa no entiende, aprecia, ni atiende a dicho deseo. La esposa quiere conversar más con su marido en cuanto a su vida y sentimientos, y se queja cuando percibe que su marido no toma el tiempo para hablar con ella, considera este deseo una debilidad de las mujeres y cuenta chistes sobre su deseo de conversar en vez de suplir esa necesidad suya.

En segundo lugar, los conflictos surgen cuando existe una diferencia de opinión legítima en cuanto al significado, valor e importancia de las cosas. Por ejemplo, uno de los cónyuges creció en un hogar en el que los cumpleaños y otras fechas importantes recibían mucho énfasis y atención. Pero el trasfondo familiar de su pareja fue todo lo contrario. Por lo tanto, hay conflicto cada vez que se olvida un aniversario o cumpleaños.

El conflicto puede ser constructivo o destructivo; todo depende de la manera en que se resuelva. El conflicto es el alto horno en el que la unidad matrimonial es forjada o incinerada. Tratado de forma adecuada, puede enriquecer a los cónyuges y a su matrimonio. Puede ser una herramienta muy útil para construir una unidad matrimonial más profunda.

¿Cuál es tu método preferido de resolver el conflicto?

Cada cónyuge trae a su matrimonio un método preferido de resolver el conflicto. En muchos casos el método elegido ha sido aprendido de sus padres. Aunque cada método tiene sus ventajas y desventajas, algunos métodos son mejores que otros. Es importante que cada cónyuge sepa cuál es su preferido. En primer lugar, porque lo que conoce de sí mismo lo puede controlar. Lo que desconoce de sí mismo lo está controlando y es probable que le cause grandes problemas sin que sepa por qué. En segundo lugar, para poder elegir el método adecuado en cada situación de conflicto.

Para identificar su método preferido en el cuestionario siguiente, el cónyuge debe *colocar un círculo* alrededor de la letra de la opción que mejor le describe. Cada apartado presenta dos opciones. No se trata de señalar una supuesta respuesta correcta, sino de identificar nuestras preferencias.

✐✐✐

1. A. Hay ocasiones en las que dejo a los demás tomar la responsabilidad de solucionar el problema.
   B. En vez de discutir los méritos y fallos de las opiniones opuestas, procuro hacer énfasis en aquellas cosas en las que estamos de acuerdo.

2. A. Procuro llegar a un acuerdo.
   B. Antes de llegar a un acuerdo, procuro tomar en cuenta tanto mis preocupaciones y deseos como los de mi pareja.

3. A. Por lo general tengo muy claro y estoy bastante decidido en cuanto a lo que quiero.
   B. Procuro suavizar los sentimientos heridos de mi cónyuge. De ese modo preservo la armonía en nuestra relación.

4. A. A veces sacrifico mis propios deseos por amor a los de mi cónyuge.
   B. Procuro llegar a un acuerdo.

5. A. Siempre procuro involucrar a mi pareja en la tarea de resolver cualquier problema que tengamos.
   B. Hago todo lo necesario para evitar cualquier tensión que no conduzca a ninguna parte.

6. A. Procuro evitarme situaciones incómodas y desagradables.
   B. Procuro convencer a mi cónyuge de que mi opinión y evaluación de la situación tiene más mérito y representa la mejor solución.

7. A. Suelo posponer cualquier consideración de un problema hasta que haya tenido tiempo para pensarlo bien.
   B. Cedo en algunas cosas siempre y cuando mi cónyuge ceda también en algunas exigencias suyas.

8. A. Por lo general defiendo con energía lo que considero la mejor opción.
   B. Nada más me doy cuenta de que mi cónyuge no comparte mi opinión, coloco todas las cartas boca arriba, procurando ser tan franco y transparente como pueda en cuanto a lo que pienso y quiero.

9. A. Estoy convencido de que no siempre merece la pena preocuparse por las diferencias de opinión que existen.
   B. No tengo inconveniente en hacer algún esfuerzo por salirme con la mía.

10. A. Estoy bastante decidido en cuanto a lograr mis metas.
    B. Procuro llegar a un acuerdo.

11. A. Procuro decir de inmediato lo que pienso en cuanto a las preocupaciones y diferencias de opinión que existen entre mi pareja y yo.
    B. Tal vez procure apaciguar el enfado y cualquier molestia por parte de mi cónyuge con tal de preservar nuestra felicidad como matrimonio.

12. A. A veces evito tomar una postura para no crear controversia.
    B. Dejo a mi cónyuge conseguir algunos de sus deseos si me deja conseguir algunos de los míos.

13. A. Propongo un punto medio entre las dos posiciones opuestas.
    B. Hago un esfuerzo para que mi cónyuge entienda mi punto de vista.

14. A. Le cuento a mi cónyuge mis ideas y le pido que me cuente las suyas.
    B. Procuro mostrar a mi cónyuge lo lógico y beneficioso que es mi punto de vista.

15. A. Tal vez atienda más a la tarea de suavizar los sentimientos heridos de mi cónyuge, que a la de resolver un conflicto entre nosotros con tal de preservar nuestra relación.
    B. Procuro hacer lo que sea necesario con tal de evitar el conflicto.

16. A. Procuro no herir los sentimientos de mi cónyuge.
    B. Procuro convencer a mi cónyuge de los méritos de mi postura.

17. A. Por lo general voy directamente a la solución más evidente y lógica.
    B. Procuro hacer lo que sea necesario con tal de evitar tensiones que no conducen a ninguna parte.

18. A. Si le hace feliz a mi cónyuge, tal vez le deje imponer su opinión.
    B. Le permitiré a mi cónyuge imponer algunas de sus posturas si me permite imponer algunas de las mías.

19. A. Procuro que todas las preocupaciones y diferencias de opinión que existen salgan a la luz en seguida.
    B. Procuro posponer una conversación sobre un problema hasta que haya tenido tiempo para pensarlo bien.

20. A. Procuro resolver de inmediato cualquier diferencia de opinión que existe entre mi cónyuge y yo.
    B. Procuro encontrar una solución en la que los dos perdemos algo y ganamos algo de forma justa y equilibrada.

21. A. Al considerar las ventajas y desventajas de nuestros puntos de vista opuestos, intento ser considerado con los deseos de mi cónyuge.
    B. Tengo una clara preferencia por el método de tratar de forma directa y al grano cualquier problema.

22. A. Procuro encontrar una solución que se encuentra a mitad de camino entre mi postura y la de mi cónyuge.
    B. Promuevo activamente lo que creo que es la mejor solución.

23. A. Tengo mucho deseo de satisfacer tanto mis deseos como los de mi cónyuge.
    B. Hay ocasiones en las que dejo que los demás tomen la responsabilidad de resolver el problema.

24. A. Si parece que la opinión de mi cónyuge es muy importante para él, procuro darle lo que quiere.
    B. Procuro que mi cónyuge se conforme con una postura a mitad de camino entre la mía y la suya.

25. A. Procuro convencer a mi cónyuge de lo lógica y beneficiosa que es mi postura.
    B. Al discutir los pros y los contras de cada solución propuesta para resolver un conflicto, procuro ser considerado con los deseos de mi cónyuge.

26. A. Propongo una solución intermedia.
    B. Casi siempre me preocupo por satisfacer tanto mis deseos como los de mi cónyuge.

27. A. A veces me niego a tomar una posición que crearía controversia.
    B. Si le hace feliz a mi pareja, tal vez le permita salir con su postura.

28. A. Por lo general estoy bastante decidido en cuanto a lograr mis metas.
    B. Por lo general busco la ayuda de mi pareja para resolver un conflicto.

29. A. Propongo una solución intermedia.
    B. Creo que no siempre merece la pena preocuparse por las diferencias que existen.

30. A. Procuro no herir los sentimientos de mi pareja.
    B. Siempre comparto el problema con mi cónyuge para que podamos buscar juntos una solución.

❧❧❧

Para identifica tu método preferido de resolver el conflicto, coloca un *círculo alrededor de la letra* que corresponde a tus respuestas. Luego, suma el número de respuestas en cada columna. La columna que recibe el mayor número de respuestas representa tu método preferido.

1.	A		B		
2.		A			B
3.			B	A	
4.		B	A		
5.	B				A
6.	A		B		
7.	A	B			
8.				A	B
9.	A		B		
10.		B	A		
11.			B		A
12.	A	B			
13.		A		B	
14.				B	A
15.	B		A		
16.			A	B	
17.	B			A	
18.		B	A		
19.	B				A
20.		B			A
21.			A		B
22.		A		B	
23.	B				A
24.		B	A		
25.			B	A	
26.		A			B
27.	A		B		
28.				A	B
29.	B	A			
30.			A		B
Total					
	Retirarse	**Negociar**	**Ceder**	**Competir**	**Colaborar**

LAS VENTAJAS Y DESVENTAJAS DE CADA MÉTODO

Retirarse

La persona que se retira ante el conflicto, procurando evitar a toda costa cualquier confrontación, suele practicar el silencio, rehúye dar su opinión o pospone hasta otro momento (que rara vez llega) una consideración de las causas del conflicto.

Este método cuenta con varias ventajas. Retirarse es muy útil, sabio y apropiado cuando: (1) se necesita tiempo para pensar y ordenar mejor los pensamientos, evitando precipitarse; (2) los riesgos y consecuencias de entrar en conflicto con otra persona pesan más que las posibles ganancias; (3) posponer la tensión para otro momento permitiría a las personas enfrentadas hablar del conflicto con más tranquilidad; (4) están presentes otras personas que son más capaces para resolver el problema; (5) creemos conveniente esperar para que surja más información; (6) el conflicto carece de importancia y su solución no llevará a ninguna parte.

Pero hay suficientes desventajas para obligarnos a creer que retirarse es un método poco ideal. La persona que se retira abdica toda participación en resolver el problema. En efecto, se conforma con lo que sea, no importa el precio. El cónyuge que se retira dice: «yo pierdo, tú ganas.» Pero la realidad es que, cuando uno de los dos cónyuges pierde, los dos pierden. La persona que se retira puede caer ante la tentación de refugiarse en el alcohol, el trabajo o la actividad excesiva.

Ceder el paso

La persona que cede el paso, a diferencia del que se retira, al menos entra en conversación con su cónyuge para ver lo que piensa. Por lo general se motiva por un deseo de no lastimar o herir los sentimientos de su pareja, o por una gran necesidad de hacerla feliz. Ceder el paso es un método muy útil para preservar la armonía que ya existe en el matrimonio. También, es una estrategia sabia cuando el conflicto carece de importancia.

Pero la persona que siempre cede el paso acaba perdiendo su identidad propia. Luego, al negar de manera continua sus propios deseos, cae en la depresión. Por último, se convierte en mártir. Mientras algunos enseñan a las mujeres que la manera de ganar el respeto, la admiración y el amor del marido es cederle el paso en todo, el resultado es todo lo contrario. Nadie admira a esa clase de mártir.

Este método perjudica también al cónyuge que siempre sale «ganando», porque sobre la marcha llega a pensar que todos han de cederle el paso. Desafortunadamente para él, el mundo real no es así. El método de ceder el paso tampoco permite soluciones creativas. A diferencia del que se retira, la persona que cede el paso suele expresar sus opiniones y deseos. Pero se acomoda tan de prisa a lo que quiere su pareja, que no deja lugar para un intercambio de impresiones que podrían dar lugar a ideas nuevas y creativas.

Por último, el que cede el paso siempre acepta una posición de: «tú ganas, yo pierdo.» En el matrimonio, cuando uno de los cónyuges pierde, los dos pierden.

Competir

Competir ofrece varias ventajas. Es un método muy útil cuando: (1) uno de los dos cónyuges tiene que desafiar acciones indebidas de parte de su pareja; (2) se requiere una decisión rápida. En este caso el competir es una necesidad práctica; (3) el otro cónyuge siempre se retira. El competir puede ser la única arma eficaz contra el retirarse, un método que ofrece muchas ventajas al cónyuge que lo practica.

Pero el cónyuge que compite dice: «Yo gano, tú pierdes.» El que compite persigue sus propios deseos a expensas de su pareja, procurando imponer su voluntad sobre la de su cónyuge. Tal vez se justifique al decir que su postura es la más lógica, o que sólo está defendiendo sus propios intereses. Pero cuando existe la competencia en el matrimonio, los dos pierden. No gana nadie. El competir estanca cualquier búsqueda de soluciones nuevas. Y cualquier solución o decisión lograda es temporal por ser inadecuada. Tarde o temprano, los cónyuges tendrán que volver a tratar el problema. Por último, el competir deja herido al cónyuge que no compite.

Negociar

A primera vista la idea de negociar parece atractiva. Los cónyuges se sientan, dejando a un lado por unos momentos las pasiones que su conflicto ha producido en ellos y negocian la solución de su enfrentamiento. Cada uno cede paso en algo. Los dos pierden un poco con tal de enterrar la hacha. Desde luego, si las únicas opciones disponibles son retirarse, ceder el paso, competir o negociar, este último sería el método preferido.

El mayor fallo de este método es que, una vez terminadas las negociaciones, los cónyuges se levantan de la mesa y se va cada uno por su propio camino. Hay un sentido de distanciamiento total entre los dos porque el negociar, en esencia, implica que los dos negociadores defienden sus propias posturas. Son como una organización guerrillera que negocia con el gobierno de un determinado país. Tal vez logren ciertos acuerdos. Pero es más bien una coexistencia pacífica caracterizada por las sospechas, la frialdad, la falta de confianza y un sentimiento de «yo estoy aquí, tú estás allí».

Aunque los métodos de retirarse, ceder el paso, competir y negociar cuentan con sus respectivas ventajas y son lícitos, según el momento y las circunstancias, el método que debería prevalecer en un matrimonio, por ser el mejor, es el de ...

Colaborar

Negociar es el método de colaborar en semilla, en su estado de infancia. Mientras el método de negociar se preocupa por llegar a una *acuerdo mutuo*, el de colaborar va un paso más allá y procura que los dos *sientan lo mismo*. La colaboración es más completa que la negociación porque promueve la unidad en todos los sentidos. Su mayor desventaja es que requiere mucho tiempo. El método de colaborar da por sentado que la relación entre los dos cónyuges es más importante que sus diferencias de opinión. Hay cuatro pasos que los cónyuges han de dar para que la colaboración sea una posibilidad en su matrimonio.

1. Conocerte a ti mismo. Al enfrentarse con un conflicto, cada cónyuge ha de preguntarse: ¿Qué es concretamente lo que quiero, deseo, busco, anhelo, necesito? ¿Qué hay en esta situación que crea un problema para mí, que tanto me molesta? ¿Puedo decir en una frase corta en qué consiste el problema y cuáles son algunas de las causas de dicho problema?

Contestar estas preguntas no es tan fácil como parece. «Como aguas profundas es el consejo en el corazón del hombre; mas el hombre entendido lo alcanzará» (Pr. 20:5). Para conocerse a sí mismo, el cónyuge ha de identificar cómo es, por qué y qué es lo que quiere en realidad. Algunos cónyuges se esfuerzan tanto por adivinar cuáles son los deseos de su pareja, que nunca toman el tiempo para identificar sus propios intereses, preocupaciones y deseos. Si no reconocemos con precisión cuáles son nuestros propios deseos, si no compartimos con nuestro cónyuge lo que pensamos, condenamos a nuestra pareja a darnos una medicina para enfermedades que no tenemos. Es fácil resolver un problema una vez que sabemos cuál es el problema. Lamentablemente solemos lanzarnos a solucionar los problemas antes de identificar con claridad el problema a resolver.

2. Comunicar de manera adecuada. Al hablar con su pareja, es imprescindible que el cónyuge coloque sus cartas boca arriba, sobre la mesa. Es evidente que decir lo que se piensa, sin ofender, es todo un arte. La manera más fácil de dar esa impresión de acusar o criticar es comenzar cada frase con la palabra «tú». Y si el cónyuge puede señalar a su pareja con el dedo, mejor. Pero nunca da resultados positivos.

Cada cónyuge necesita aprender a limitar su uso de la palabra «tú», en especial al principio de cada frase, y comenzar sus frases con la palabra «yo». El uso del «yo» no implica egoísmo, sino un deseo de impartir información sin criticar o acusar. Para poner en práctica esta sugerencia, el cónyuge primero tiene que contestar la pregunta: ¿qué es lo que yo creo? Y entonces decir: «yo creo que un comportamiento correcto y aceptable sería si tú...» O contestar primero la pregunta: ¿cómo me siento o cómo me afecta lo que hace o dice mi pareja? Y entonces decir: «yo me siento frustrado, rechazado y criticado cuando tú...» No es que nunca se emplea la palabra «tú», sino que procuremos comenzar todas las frases que podamos con un «yo» en vez de un «tú». Esta fórmula tan sencilla es capaz de producir milagros.

3. *Sugerir posibles soluciones.* Conviene crear un ambiente de mesa redonda en el que toda sugerencia, por muy descabellada que parezca, sea considerada como una posibilidad. En medio de esta discusión amistosa y relajada, muchas ideas buenas pueden salir. En este paso no se permite la crítica o la evaluación.

4. *Seleccionar una solución que supla el mayor número de intereses creados de los dos cónyuges.* Nuestro interés es suplir las necesidades de la pareja, no las de uno de los cónyuges en particular. Si uno de los dos pierde, los dos pierden. En este paso es donde se evalúan las sugerencias, no antes. Algunas soluciones propuestas no serán posibles, pero otras sí.

CAPÍTULO 13

Reparto de responsabilidad

⤷⤶⤷

$\mathcal{U}$na de las cosas que hace que el noviazgo sea tan bonito es que los enamorados pueden disfrutar de todos los privilegios del matrimonio, menos las relaciones sexuales, sin tener que preocuparse por las responsabilidades de ello. En el momento en que dicen: «Sí, quiero», llueve sobre los recién casados la responsabilidad de: ganar el pan diario; depositar sus ganancias en una cuenta bancaria y mantener un saldo; pagar las facturas y mantenerse al día con las letras del coche, del apartamento, de los muebles, etc.; comprar y preparar la comida; decorar, reparar y mantener limpia la casa; fregar los platos y sacar la basura; lavar y planchar la ropa. Y al cabo de unos pocos años, también tienen que atender las necesidades físicas, educativas y espirituales de sus hijos, servir como árbitro cuando éstos se peleen y disciplinarlos cuando proceda.

¿Quién tiene la responsabilidad de atender a todas estas tareas? La Biblia nos da dos principios fundamentales en cuanto a las responsabilidades de los cónyuges. En primer lugar, Génesis 3:17-19 deja la clara impresión de que es el hombre quien tiene la mayor responsabilidad de proveer para la familia. Tal vez la mujer trabaje en el campo o en el mundo de los negocios, como la mujer virtuosa de Proverbios 31:16, 24. No hay ninguna enseñanza bíblica que prohíba que la mujer trabaje fuera del hogar. De hecho las Escrituras nos presentan ejemplos de mujeres que lo hacían. Pero es sobre los hombros del hombre que recae la mayor responsabilidad de proveer para los suyos.

En segundo lugar, la responsabilidad del hogar recae mayormente sobre la esposa (1 Ti. 5:14; Tit. 2:4, 5). Es natural, ya que las madres son más aptas para atender a los niños cuando son muy pequeños. Aunque el padre tiene tanta responsabilidad como la madre de criar a los hijos, el gran peso de esta tarea suele recaer sobre la madre, ya que pasa más tiempo con ellos (cp. 1 Ti. 5:10).

Las mujeres han elegido trabajar fuera del hogar por diversas razones. En siglos pasados, entraron en el mercado laboral por cuestión de la *supervivencia* económica de la familia, una razón más que justificada que ha surgido a lo largo de los siglos y en momentos determinados de cada familia. Con la introducción de la revolución industrial a mediados del siglo XVIII, las mujeres buscaron empleo para aumentar la *seguridad* económica de la familia.

En las últimas décadas del siglo XX, muchas mujeres buscaron un empleo remunerado fuera del hogar para *sentirse realizadas,* un motivo correcto en sí, pero que ha sido acompañado en algunos casos por connotaciones no bíblicas. Por ejemplo, con el movimiento de la «liberación de la mujer», muchas mujeres empezaron a cuestionar el valor y la importancia de las responsabilidades a que se las relegaban de manera tradicional. «¿Por qué siempre tenemos que ser las que realizamos los "trabajos sucios" de la casa?» Cada movimiento llama la atención a un problema concreto que existe en la sociedad y que debe resolverse. El movimiento de la «liberación de la mujer» pretendió eliminar el desprecio que la mujer recibía como persona en muchos sectores de la sociedad y en muchos hogares. Lamentablemente el péndulo de este movimiento se fue al otro extremo y cayó en algunas ideas no bíblicas.

A la vez, otras mujeres eligieron trabajar *fuera* del hogar porque su trabajo *en* el hogar no ocupaba todo su tiempo. Los electrodomésticos del mundo moderno les permitieron limpiar su casa en un tiempo récord, y los grandes almacenes redujeron el tiempo que antes tenían que invertir en la compra de los comestibles. Como consecuencia eligieron invertir el tiempo que les sobraba en un empleo o en otras actividades.

«Trabajar o no trabajar fuera del hogar, eso *no* es la cuestión.» Sino sopesar otras consideraciones de suma importancia. Sea por necesidad económica, o por otras razones, el matrimonio que contempla la posibilidad de que la mujer trabaje fuera del hogar haría bien si toma en cuenta las siguientes consideraciones.

1. El cuidar de manera adecuada a los hijos es una prioridad. Una de las consecuencias de la crisis económica que atraviesan muchos países hoy «es que los jóvenes se casan más tarde, se forman menos familias, las cuales tienen menos hijos. Y, en aquellas familias donde sí hay niños, los padres pasan menos tiempo con ellos, un 40% menos de lo que lo hacían hace 30 años. Los valores de la familia se encuentran bajo un ataque, no por programas gubernamentales que desanimen la formación de familias (aunque existen algunos), ni por los medios de comunicación que se burlan de las familias (aunque hay algunos), sino por el mismo sistema económico. El sistema sencillamente no permite que las familias existan como en años anteriores, con un padre que genera la mayor parte de las ganancias y una madre que atiende a los niños. La familia de clase media en la que sólo una persona gana el pan está extinguida».[1]

Uno de los trágicos resultados de esta situación es el gran número de niños desatendidos o atendidos mayormente por personas que no son sus propios padres, tanto antes como después del horario escolar. Lo que más efecto hace de forma profunda y positiva en el desarrollo del carácter de un niño es una relación con los dos padres que sea íntima y cariñosa. Por lo tanto, en aquellas familias donde ambos cónyuges pasan mucho tiempo fuera del hogar, los padres querrán asegurarse que están supliendo las necesidades espirituales y emocionales de sus hijos. No hay nadie que sea capaz de sustituirlos como padres cuando se trata de atender a esas necesidades de sus hijos.

2. El marido debe apreciar y ayudar con los quehaceres de la casa. Si la esposa trabaja fuera del hogar, lo lógico y correcto es que el marido acepte también como suya la responsabilidad de mantener la casa limpia y ordenada, además de las tareas de reparación que suelen ser suyas. Por no aceptar este principio tan lógico y sensato, los expertos de los ministerios austriacos de Justicia y de Asuntos de la Mujer estudiaron «modificar el Código Civil para obligar jurídicamente a los cónyuges a compartir el trabajo doméstico, tarea que realiza casi exclusivamente la mujer y que es, cada vez más, una de las razones de divorcio».[2]

Tanto el marido como su esposa deberían apreciar las tareas del hogar como sumamente importantes y no denigrantes. Conviene que cada marido aprecie de forma debida el trabajo de su mujer en el hogar y participe de manera activa en él, especialmente en el caso de que ella tenga un empleo fuera del hogar.

3. La avaricia no es un motivo aceptable para trabajar, sea de parte del marido o de la esposa. Al parecer había en la congregación en Éfeso un miembro que seguía con su vida anterior de ladrón para sostenerse. Cuando Pablo le manda que deje de hurtar y que trabaje con sus manos, era de esperarse que dijese: «Para sostenerse a sí mismo». Pero el Apóstol da por sentado que cada uno entiende que es el primer responsable por suplir sus propias necesidades. Manda al que robaba que trabaje «para que tenga qué compartir con el que padece necesidad» (Ef. 4:28). O sea, el creyente debería trabajar no *sólo* para cubrir sus propias necesidades, sino las de otros hermanos que padecen necesidad. Cada día hay más personas que se dan cuenta de que el trabajar más, ganar más, hacer más y poseer más no resulta en una felicidad mayor o en un mayor sentido de bienestar. Se ha dicho que gastamos más dinero del que tenemos, para comprar cosas que no necesitamos, con el propósito de impresionar a personas que no nos gustan.

Como es la mujer quien suele empezar a pensar en la posibilidad de trabajar fuera del hogar, las siguientes preguntas están enfocadas para ella. Luego, la pareja tendrá que tomar el tiempo necesario para planear de forma cuidadosa para que las necesidades del hogar, los hijos y la relación matrimonial vayan bien.

1. ¿Está mi esposo de acuerdo con mi deseo de trabajar fuera del hogar?
   ( ) sí
   ( ) no
   ( ) le es indiferente
   ( ) está dispuesto, pero no muy contento

2. ¿Quién atenderá a nuestros hijos durante nuestra ausencia?
   ( ) nadie; estarán solos en casa
   ( ) los abuelos que viven con nosotros
   ( ) estarán en la escuela durante mis horas de trabajo
   ( ) tienen edad suficiente para cuidarse a sí mismos hasta que yo llegue a casa
   ( ) estarán en una guardería cuyas tarifas son bastante menos de lo que gano; me resulta rentable

3. ¿Tendré el tiempo suficiente para atender las necesidades espirituales, emocionales y físicas de mi marido y mis hijos?
   ( ) sí
   ( ) no
   ( ) no lo sé
   ( ) tengo alguna duda

4. Después de pagar los gastos que suponen trabajar fuera del hogar (guardería, uniforme laboral, transporte, etc.), ¿quedará algo para aportar a los gastos familiares?
   ( ) quedará una buena cantidad de dinero para invertir en mi familia
   ( ) quedará una ganancia tan mínima que en realidad trabajaré por trabajar
   ( ) gastaré más dinero de lo que gano

5. ¿Tendré el tiempo suficiente para atender los quehaceres del hogar? ¿Hay una buena disposición de parte de mi marido para ayudar en esas tareas?
   ( ) sí
   ( ) no
   ( ) a medias

6. ¿Qué es lo que me motiva a buscar un empleo?
   ( ) hay cosas que necesitamos comprar que representan una verdadera *necesidad* para nuestra familia y para las que el sueldo
   de mi marido no alcanza
   ( ) hay cosas que queremos comprar que representan un *deseo*
   grande por parte de mi familia y para las que el sueldo de mi
   marido no alcanza
   ( ) nuestro matrimonio y familia están tan cargados de problemas
   que siento la necesidad de salir de casa para desintoxicarme
   ( ) mi marido ha empezado un nuevo negocio y trabajaré en él
   hasta que se consolide
   ( ) mi marido no está dispuesto a ceder de su sueldo lo que en realidad necesito para comprar comida, ropa, etc.
   ( ) quiero sentirme realizada
   ( ) estoy cansada de ser una «esclava del hogar» y de atender tareas denigrantes
   ( ) quiero mejorar el estado económico de mis hijos, mi familia,
   mi hogar
   ( ) quiero tener cierta libertad económica y gastar mi dinero como
   yo quiero
   ( ) nuestros hijos ya son mayores y me aburro en casa; quiero hacer algo productivo
   ( ) nuestros hijos están casados y tengo mucho tiempo libre para
   hacer otras cosas

7. ¿Consideraré el dinero que gano como «mío» o «nuestro»?
   ( ) mío
   ( ) nuestro

NOTAS

1. Thurow, Lester C. «Changes in Capitalism Render One-Earner Families
   Extinct», *USA Today* (27 de enero, 1997), p. 17A.
2. «Austria estudia obligar a los hombres a trabajar en casa», *El Periódico
   de Catalunya* (16 de abril de 1996), p. 26.

CAPÍTULO 14

Amor

⋘⊸⋙

¡Cuán variadas y raras son a veces las definiciones del amor! Por ejemplo: «el amor es una emoción fuerte que resulta cuando una necesidad importante mía se suple.» Aunque rechazamos esta definición como descaradamente egoísta, en el fondo no difiere en absoluto de las palabras del típico joven locamente enamorado de una joven que exclama: «cada vez que me encuentro con ella, me siento como un rey.»

TRES ASPECTOS DEL AMOR

El amor es un concepto tan rico semánticamente que el Nuevo Testamento emplea tres palabras griegas para describirlo. El amor *filia* es ese aspecto del amor que tiene que ver con el compañerismo. El amor *eros* es el aspecto sexual, la atracción física. La tercera palabra empleada representa la expresión suprema del amor. *Ágape* es esa clase de amor que brota del corazón de la persona que ama, que desea bendecir y beneficiar a otro ser humano, y que se caracteriza por una entrega de sí mismo, sin pedir ni exigir nada a cambio. El amor *ágape* se encuentra en el polo opuesto de esa clase de amor que representa una reacción emocional a lo que se ve en la otra persona o por lo que recibirá a cambio. El amor *ágape* es incondicional.

El amor *ágape* es una emoción profunda que encuentra plena satisfacción en ver suplidas las necesidades de la persona amada, cuando la seguridad de esa persona es tanto o más importante que la suya. Este aspecto del amor es precisamente el que encontramos en 1 Corintios 13 donde el amor se describe como:

- *sufrido* - el acto de no permitir que mis propios intereses sean despertados o frustrados por tener que ceder paso a los intereses o necesidades de la persona que amo.

- *benigno* - el acto de derramar bendición, favores y cortesías sobre la persona que amo.
- *no tiene envidia* - el acto de no desear lo que tiene mi amado hasta tal punto que perjudique nuestra relación, de gozarme por los talentos que tiene y los honores que recibe sin considerar que me hace sombra.
- *no busca lo suyo* - el acto de velar tanto por los intereses de mi amado como por mis propios intereses legítimos.
- *no guarda rencor* - el acto de negarme a recordar y cultivar las heridas que mi amado me ha infringido.

El amor bíblico en su sentido más profundo y puro es el acto de dar, de interesarse por las necesidades y el bienestar de otros. Muchos viudos se convierten en personas amargadas porque dejan de amar a alguien. Son como el Mar Muerto en Palestina, que carece de toda vida acuática porque todo lo que fluye hacia él desde el Mar de Galilea, pasando por el río Jordán, se queda allí. No aporta nada porque no tiene salidas; sólo recibe.

LA RESPONSABILIDAD PARTICULAR DEL MARIDO DE AMAR

Efesios 5:22-33 trata los temas del liderazgo del marido y la sumisión de la esposa. Al dirigirse a las esposas, el apóstol Pablo explica de qué manera ha de expresarse esa sumisión. Pero cuando se dirige a los maridos, en vez de describir cómo deberían ejercer ese liderazgo, les manda que amen a sus esposas. Otra cara de esta incógnita es que emplea varios versículos para describir cómo han de amar a sus esposas, mientras que dedica sólo un texto (Tit. 2:4) en todas sus epístolas al deber de las esposas de amar a sus maridos. ¿Por qué este desnivel de énfasis cuando todos creen que los dos cónyuges son responsables por igual de amar a su pareja?

Una posible interpretación es que, por regla general, la mujer respira amor. Por lo tanto, no es necesario que el Apóstol insista en que cumpla lo que ya hace por naturaleza. Por el contrario, el amor no brota de forma natural en el hombre. El hombre tiende a dirigir, no a amar. Por eso, el Apóstol se ve obligado a hacer tanto énfasis en el deber del marido de amar a la esposa.

Otra posible interpretación es que es más difícil para el ser humano someterse que dirigir. Todos prefieren ser jefes de indios antes que indios sin rango ni título. La esposa, al tener que someterse, merece y requiere que su esposo le asegure de manera constante que la acepta y que su liderazgo está respaldado por un amor incondicional en vez de por un afán de mandar.

El marido debe amar a su esposa como Cristo amó a la Iglesia. Debe estar dispuesto a morir por ella si fuese necesario (Ef. 5:25-27). Algunos maridos afirman que estarían encantados de la vida si tuviesen que morir por sus esposas, pero lo que les cuesta más es convivir con ellas. Pero hasta que el marido haya hecho todo lo posible para convivir con su esposa, nunca estará en condiciones ni dispuesto a morir por ella. Cuando un hombre entra en el matrimonio con la perspectiva de que acaba de iniciar una relación a precio de su propia sangre, el resultado lógico es que considerará a su esposa como un socio de mucho valor, en vez de alguien para explotar.

También, el marido debe amar a su esposa como a su propio cuerpo. Nadie maltrata a su propio cuerpo, sino que lo mima (Ef. 5:28-30). ¿Existe alguna mujer que no esté dispuesta a someterse a un marido que la mima con favores, amor y cariño, y cuyo único interés es hacerla feliz? De la misma forma que una mujer muestra sumisión a su marido por el modo en que le habla (1 P. 3:6), el marido también muestra su amor para con su esposa por la manera en que le habla. «Maridos, amad a vuestras mujeres, y no seáis ásperos con ellas» (Col. 3:19). Primera de Pedro 3:7 describe a la mujer como el «vaso más frágil», no el «más débil». Su fragilidad no es tanto física, sino emocional. No se puede hablar con una mujer como con un típico hombre.

AMANDO CON TODO NUESTRO SER

Al hablar del amor, muchos suelen pensar en el papel que juega sólo una o lo sumo dos partes de nuestro ser. Para algunos el amor tiene que ver principalmente con su cuerpo, el acto sexual, «hacer el amor». Para otros, se trata más bien de las emociones, un sentimiento de afecto para con alguien.

El acto de amar a alguien, sea a Dios o a otro ser humano, involucra todo nuestro ser: espíritu/alma, emociones, intelecto y cuerpo. Deuteronomio 6:5 llama la atención sobre tres de estos aspectos. «Y amarás a Jehová tu Dios de todo tu corazón [emociones], y de toda tu alma, y con todas tus fuerzas [cuerpo].»

Intelecto

El papel que juega nuestro intelecto al amar a otras personas se subraya por el apóstol Pablo en Tito 2:4 cuando manda a las ancianas a que «*enseñen* a las mujeres jóvenes a amar a sus maridos y a sus hijos». El aprendizaje implica el uso del intelecto. El amor es algo que se aprende. En Filipenses 1:9 Pablo pide que el amor de los filipenses «abunde aun más y más en *ciencia* y en todo *conocimiento*», para que ese amor no sea meramente emocional, un simple sentimentalismo. Para ser completo, el acto de amar ha de incluir la participación activa del intelecto. Primera de Pedro 3:7 enseña que los esposos deben vivir con sabiduría (o con conocimiento) con sus esposas. Han de estudiarlas para saber cómo piensan, cómo funcionan sus emociones y cuáles son las cosas que en realidad les importan.

El amor, desvestido de toda su ropa de adorno, es en esencia una decisión de la voluntad. Aunque la relación entre un hombre y una mujer suele iniciarse en las emociones, tarde o temprano se encuentran con la necesidad de tomar una decisión: ¿voy a amar a mi pareja o no? Las emociones, por muy legítimas que sean, no dejan de ser muy inestables y difíciles de controlar.

La meta de lograr la unidad en el matrimonio pasa por momentos difíciles de tensión y malentendidos. En momentos determinados, cada pareja pierde los sentimientos y las emociones de su amor. ¿Qué puede hacer un marido cuando no siente las emociones del amor? El uso del intelecto y la voluntad son la clave para recuperar esas emociones. «Recordad, las acciones son las precursoras de las emociones. Lleva a cabo cada día las acciones correctas y dentro de poco empezarás a sentir las emociones correspondientes. Tú sólo procura llevar a cabo los ritos de salir con ella, besarla, decirle cumplidos sinceros cada día, además de todas las pequeñas cortesías y no tendrás necesidad de preocuparte por las emociones del amor. No puedes portarte como un hombre enamorado por mucho tiempo sin sentirte como un hombre enamorado.»[1] El marido que ama a su esposa, sin sentir las ganas y emociones del amor, no es necesariamente un hipócrita. El amor que muestra a su esposa, aunque no sienta nada, puede representar un alto sentido de la responsabilidad. Todos hacemos cosas en la vida, aunque no sintamos ganas de hacerlas, sólo porque sabemos que nos conviene o es nuestro deber. No por eso somos hipócritas. El cónyuge que se porta como una persona enamorada no tardará mucho tiempo en sentir las emociones del amor hacia su pareja.

Emociones

Los sexos son diferentes desde el punto de vista emocional. Mientras que al hombre el aspecto físico e intelectual del amor le atrae más y le son más fáciles de entender y manejar, el aspecto emocional es más natural y fácil para la mujer.

Un amor completo y sano incluye las emociones. El aspecto emocional del amor es por lo general el punto de partida de la relación hombre-mujer. Primero «me gustas» (emocional) y luego, «te amo» (intelectual).

En cualquier otra relación que no sea el matrimonio, es posible amar a alguien sin que esa persona te guste. O sea, se toma la decisión de amar a esa persona. Es la única forma de interpretar y cumplir con el mandamiento de Jesús: «que os améis unos a otros» (Jn. 13:34). Pero amar al cónyuge sólo y exclusivamente de forma intelectual es peligroso y mortal.

El aspecto emocional del amor sirve para dos fines. Además de ser una especie de imán, atrayendo a dos personas la una a la otra que tienen una compatibilidad razonable de sus personalidades, el aspecto emocional del amor tiene la capacidad de renovar la relación que ya existe entre esas personas. Es como una chispa, como las burbujas de la Coca Cola. Sin esa chispa, la relación sufre.

El amor emocional nace y florece cuando uno o más de los siguientes factores están presentes. Se ha dicho que en el acto sexual intervienen en el 90% las emociones y en el 10% el cuerpo. El papel de estos factores en iniciar el acto sexual es evidente.

1. La atracción física es de suma importancia para los hombres. La esposa que cuida de su aspecto físico provee un freno adicional para su marido en su lucha contra los apetitos pecaminosos de su naturaleza y una protección moral muy importante en el mundo actual que sobrestima el valor del aspecto físico del amor y hace tan asequible la satisfacción sexual fuera de la voluntad de Dios.

Sin lugar a duda, el marido es el primer responsable de sus pensamientos, emociones y actos. A la vez conviene que cada esposa se dé cuenta de que si descuida o menosprecia la importancia legítima que tiene la atracción física para su marido, en efecto, le abandona a las mujeres que sí la aprecian y que con mucho gusto la explotarán. Cuanto más se satisface este aprecio para la atracción física dentro del matrimonio, menos susceptible será el marido fuera del hogar y menos poder seductor tendrán esas mujeres. Cuando una esposa se viste de forma especial para su marido, con vistas a apelar a su aprecio por la belleza femenina y su marido ni se da cuenta de ello, o si lo nota no la piropea, el marido en efecto destruye el amor a nivel emocional de su esposa.

2. La comunicación verbal es la chispa que más despierta el amor a nivel emocional en una mujer. No existe mayor gozo para una esposa que el poder hablar y conversar con su marido. La mayoría de los hombres no suelen hablar lo bastante con sus esposas, ni aprecian de la manera debida lo que significa la tertulia, la conversación y el diálogo para ellas.

La capacidad de los cónyuges de comunicarse de forma adecuada determinará en gran parte el éxito de su vida sexual. En una encuesta contestada por 100.000 mujeres, la comunicación en general, la cual sirvió como una plataforma para que estas mujeres comunicaran a sus maridos sus gustos y deseos sexuales, fue señalada como uno de los secretos de una vida sexual satisfactoria. Para subrayar aún más este hecho, el 88% de las mujeres que siempre comparten sus sentimientos íntimos con sus esposos dicen que tienen una vida sexual buena; el 70% de las mujeres que nunca hablan con sus maridos acerca de sus sentimientos dicen que su vida sexual es mediocre o pobre. Estas estadísticas demuestran, casi por sí solas, hasta qué punto una vida sexual satisfactoria y la comunicación son indivisibles. El acto sexual es una conversación llevada a cabo por otros medios. Es un intercambio, sin palabras, en el cual un hombre y una mujer se comunican entre sí. Pero si no han estado comunicándose, si no han estado «en contacto» antes que sus cuerpos entren en contacto, no existe ninguna comunicación para continuar. En la medida en que los cónyuges se encuentren más cómodos compartiendo sus sentimientos más íntimos acerca del sexo el uno con el otro, más probabilidades habrá de que sean capaces de expresar los deseos más profundos y secretos de sus cuerpos.[2]

3. *El aprecio del cónyuge,* expresado con palabras sinceras, piropos y cumplidos, o mediante algún detalle, como un ramo de flores en el caso de las mujeres, siempre despierta el amor a nivel emocional en la persona que recibe tal expresión de aprecio.

4. *El contacto físico:* las caricias, los besos y los abrazos, pueden llevar a los cónyuges a celebrar el acto sexual si las posibilidades del momento y las ganas están presentes. De la misma manera, se puede destruir el amor a nivel emocional, al menospreciar o rechazar el cariño del cónyuge, o al considerar los besos y demás caricias como excesivos o tontos.

5. *La generosidad* es capaz de «comprar» el amor emocional: un nuevo vestido para la esposa, una noche solos fuera de casa, flores, una cena especial en un restaurante. Todos cuestan dinero. El cónyuge que considera como excesivo el gasto de fondos para este fin haría bien en preguntarse cuánto vale su matrimonio, cuánto le importa y cuáles son sus prioridades en la vida. Se cuenta la historia de un marido que entró en una papelería para comprar un tarjeta para el cumpleaños de su esposa. Encontró una que era muy bonita y que llevaba en su portada las palabras: «Tu amor vale más que el mundo con todos sus tesoros.» Cuando la cajera le informó del precio de la tarjeta, el marido preguntó: «¿No tendrías una tarjeta más barata?»

Espíritu

Los teólogos han discutido mucho el tema de la *relación* entre el alma y el espíritu. A veces, las Escrituras emplean los dos términos de manera indistinta, como si fuesen dos caras de una misma moneda y en otras ocasiones como si fuesen dos cosas distintas. Sin embargo, hay bastante más acuerdo en cuanto al *papel* del alma y del espíritu. El alma es esa parte de nuestro ser invisible que nos permite relacionarnos con otros seres humanos y el espíritu es esa parte que nos capacita para relacionarnos con Dios.

Estrictamente hablando, los cónyuges no se aman con su espíritu, sino con su alma. Sin embargo, el espíritu juega un papel muy importante en el acto de amar. El no creyente, aunque puede entender bastante de las enseñanzas bíblicas, por regla general llenará su intelecto con las definiciones del amor de sus amigos, los medios de comunicación, lo que ha visto en la experiencia de sus padres, etc. Estas fuentes de información pueden o no coincidir con la verdad. Por el contrario, el espíritu del creyente tiene una relación con Dios y por lo tanto tiene acceso a la verdad de Dios en cuanto a una definición adecuada del amor, cómo se expresa, cuáles son las imitaciones falsas de un verdadero amor, etc.

Cuerpo

Las perversiones que se han creado en torno al sexo, ese don tan maravilloso de Dios, han estado con nosotros durante mucho tiempo. En ese sentido, los problemas sexuales con los que nos enfrentamos en nuestra época son los de siempre. Lo que sí hace que el día en que vivimos sea distinto es que el sexo nunca ha sido tan sobrevalorado, ni el pecado sexual tan al alcance de todos. El sexo no es lo más importante en un matrimonio, pero es sumamente importante. Por ese motivo, dedicamos la siguiente sección a este tema.

Notas

1. George W. Crane. *Applied Psychology* (Chicago: Hopkins Syndicate, 1950), citado por David J. Schwartz en su libro *The Magic of Thinking Big* (Nueva York: Cornerstone Library, 1980), p. 1980. Originalmente publicado en 1959.
2. Levin, Robert J. y Amy. «Sexual Pleasure: The Surprising Preferences of 100,000 Women», *Redbook Magazine* (septiembre de 1975), p. 58.

Parte IV

El creyente y su sexualidad

CAPÍTULO 15

El plan divino para el sexo

❧❧❧

*L*a herencia que la Iglesia cristiana nos ha dejado en cuanto al tema del sexo no ha sido del todo clara, positiva, ni acertada. De la misma forma que otras doctrinas bíblicas se aclararon sólo después de un estudio de la Escrituras a lo largo de muchos años, también el entendimiento de la Iglesia con respecto a la enseñanza bíblica sobre la naturaleza y el propósito del sexo ha requerido un largo proceso.

A finales del primer siglo, cuando todos los libros neotestamentarios ya se habían escrito, la idea de que el sexo era malo se infiltró en la Iglesia primitiva. Mani de Persia (215 d.C.), Agustín (354-430 d.C.) y Tomás de Aquino (1225-1274 d.C.) son algunos de los héroes de la fe que compartían esta interpretación. Otros como Jerónimo, Pedro Abelardo y Juan Crisóstomo, incluso consideraban el cuerpo como malo y pecaminoso.

Todos estos gigantes espirituales empleaban el sistema alegórico para interpretar las Escrituras, un método muy de moda en aquellos tiempos. Con esta hermenéutica, el sentido literal y normal de un pasaje se abandonaba, y el intérprete buscaba un significado más espiritual tras un entendimiento normal del texto. Según este sistema de interpretación, el pecado de Adán y Eva no consistió en comer la fruta de un árbol prohibido, sino en la concupiscencia sexual.

Como consecuencia, la continencia absoluta y la supresión de toda práctica sexual empezó a considerarse como una medida necesaria para alcanzar la máxima santificación y el celibato como superior al matrimonio. Estas ideas se basaban en dos premisas fundamentales. En primer lugar, el sexo es malo; por lo tanto hay que evitarlo a toda costa. En segundo lugar, el sufrimiento en sí es bueno porque nos hace más santos. Por lo tanto, hay que padecer todo lo que se pueda. Implícita en esta posición está la idea de que el cuerpo es malo y que el creyente ganará alguna clase de mérito ante Dios al sufrir y negarse cualquier cosa que apele a sus apetitos naturales, por ejemplo, el sexo.

Aunque el celibato es un concepto bíblico, no es ni superior ni inferior al matrimonio, sino una cuestión de don (1 Co. 7:7-9). Con la Reforma del siglo XVI el matrimonio recobró su debido lugar. Lamentablemente con el tiempo el péndulo se fue al otro extremo donde el matrimonio, al menos en la mente de muchos creyentes hoy, se considera superior al celibato. Una vez más, se ha perdido de vista el equilibrio bíblico.

Llegada la década de los años 20 del siglo XX, una serie de acontecimientos pusieron los fundamentos de lo que se llamaría en los años 1960-75 la Revolución sexual. En sus novelas, escritores internacionalmente reconocidos como F. Scott Fitzgerald, Ernest Hemingway y Sinclair Lewis se burlaban de la moralidad tradicional, predisponiendo a las masas a aceptar la promiscuidad como algo normal y aceptable. Un segundo acontecimiento clave que preparó el camino para la Revolución sexual fueron las interpretaciones distorsionadas de las obras de psicólogos como Freud, Jung y Ellis. Estas interpretaciones, vendidas a la opinión pública como el resultado de estudios científicos, ofrecieron a las masas una excusa para dejar a un lado sus inhibiciones sexuales. «El verdadero Freud era una mezcla profunda de una comprensión imaginativa y errónea. Lo que las masas entendieron fue otra cosa. La gente de a pie entendió que cualquier prohibición en cuanto al sexo era psicológicamente reprimente y sofocante; hasta era capaz de volver loco a alguien. Llegó a ser atrevido y sano deshacerse de represiones sexuales.»[1]

Lo que comenzó en los años 20, estalló como una venganza en los 60 y 70. Una de sus manifestaciones más visibles fue la publicación de *Playboy* y otras revistas para hombres. Con la píldora, la ciencia no sólo redujo de manera considerable para la mujer la amenaza del embarazo, sino que también protegió a las parejas solteras de ser sorprendidas en su falta de ética sexual. Y la publicación del libro de Joseph Fletcher, *Situation Ethics: The New Morality*, sencillamente reflejó y promovió la nueva mentalidad que se había arraigado en muchos. Según Fletcher, no hay verdades absolutas; casi todo es relativo. O sea, el adulterio, la fornicación, el robo, etc. no son pecados siempre y cuando la situación y las circunstancias lo justifiquen.

Hasta la década de los años 50 del siglo XX la mayoría de los protestantes creían que el sexo tenía como único propósito la procreación y la continuación de la especie. Ahora, las dudas comenzaban a sembrarse y hacer mella. Y en cuanto a la opinión pública lo que ocurrió en España, salvo circunstancias peculiares, podría servir como la descripción de lo que ha pasado en país tras país. Con la dictadura que Francisco Franco implantó al final de la Guerra Civil de 1936-39, la «moral católica dominante pretendía que una mujer honrada no debía tener orgasmos y si los tenía, no debía notarse. La idea del pecado, la culpa por cualquier desviación, la represión y la censura, sumadas a la más absoluta desinformación, hacían creer a hombres y mujeres que acariciarse los genitales era un pasaporte seguro para la tuberculosis, la ceguera o la locura».[2]

Con la muerte de Franco en 1975 llegó la democracia y con la libertad el libertinaje descarado. Primero, la pornografía en los kioscos y el destape en el cine. Luego, el mono-bikini en las playas. Por último, la creación de *campings* y playas para nudistas, la formación de los grupos *gay*, los anuncios de «contactos» en los periódicos y un largo etcétera de otras desviaciones sexuales. Después de estudiar las creencias y prácticas de la gente de a pie, una revista respetada de tirada nacional reflejó en un artículo la nueva actitud de los españoles, afirmando que «una de las conclusiones palpables y reconfortantes de los datos recogidos en este trabajo, quizá la más importante, es la disociación que los españoles jóvenes hacen entre sexo y pecado. Mucho más preocupante es ahora para cualquiera de ellos, al hacer el amor, la posibilidad de contraer el SIDA que la de pecar, aunque todavía quedan obispos que, cumpliendo de manera evidente con su deber, sigan considerando pecaminoso incluso el empleo de preservativos. El sexo ya no es pecado en la joven España».[3]

La Biblia nos presenta el tema del sexo de dos formas. En primer lugar, con enseñanzas específicas sobre la naturaleza, función y uso del sexo. Esta enseñanza consiste en declaraciones, tanto positivas como negativas. Por ejemplo, la enseñanza sobre el adulterio y la fornicación. En segundo lugar, encontramos principios que han de aplicarse al día y contexto en que vivimos. Mientras los creyentes están de acuerdo en cuanto al significado de estos principios, no siempre coinciden en cuanto a su aplicación. Por ejemplo, ¿qué ropa puede considerarse modesta y qué vestidos deberíamos clasificar como fuera de lugar para una mujer?

El plan divino para el sexo puede resumirse en cuatro verdades que se enseñan con mucha claridad en las Escrituras:

DIOS ES EL CREADOR DEL SEXO

Puesto que Dios es el creador del sexo, tenemos no sólo el derecho, sino la responsabilidad de aceptarlo como bueno, santo, sano y puro. El sexo es un don de Dios, no un mal menor. La Biblia nunca condena el sexo en sí mismo, sino el mal uso de éste. La electricidad es buena; puede alumbrar. Pero también puede dar muerte a la persona que no la emplea de forma correcta. El fuego puede calentar; pero también puede quemar. Todo depende del uso que hacemos de ello. El sexo es igual.

Es fácil de entender cómo algunas personas, al observar el mal uso que otros hacen del sexo o por haber sido ellas mismas objeto de maltrato sexual, llegan a menospreciar, aborrecer y considerar el sexo como algo malo. Pero no por eso es malo. Debido precisamente a estos abusos, es urgente que el creyente cultive un entendimiento del sexo que esté de acuerdo con las enseñanzas bíblicas. Es el creyente quien tiene mayor derecho y posibilidad de disfrutar de todo lo bueno que el sexo tiene que ofrecer, porque es su Dios quien lo ha creado.

DIOS HA PUESTO EN NUESTRO CUERPO EL DESEO SEXUAL

Al crear al hombre, Dios puso en su cuerpo un deseo y una capacidad sexuales. Por lo tanto, es normal por completo y sano tener deseos sexuales. En un momento determinado del desarrollo de su cuerpo y mente, cada persona se despierta sexualmente y comienza a tener un interés en el sexo como tema y en las personas del sexo opuesto.

El deseo sexual existe en ambos sexos. Es interesante notar que 1 Corintios 7:3-5 comienza, precisamente, con la necesidad sexual de la mujer y la responsabilidad del marido de suplirla. Pensar que sólo el hombre tiene deseos sexuales es anticientífico y antibíblico. El deseo sexual se encuentra tanto en la mujer como en el hombre.

El nivel de deseo sexual varía de persona a persona. Mateo 19:12 habla de tres clases de eunucos. Hay quienes han sacrificado su deseo de una vida matrimonial para dedicar más de su tiempo al servicio de Dios. Se trata de un don (1 Co. 7:7-9). Los eunucos que «son hechos eunucos por los hombres» son con bastante probabilidad una referencia a la castración por el motivo que sea. Durante una época de la historia, los adolescentes que cantaban en el coro de la iglesia eran castrados para que no perdiesen su voz de tenor. Así siempre había tenores suficientes.

La referencia a los eunucos que «nacieron así del vientre de su madre» es una frase que pocos comentaristas tocan. O se refiere a los niños que nacen con deficiencias, trastornos o problemas genitales, o es más probable que se refiera a la persona que nace con tan poco deseo sexual que no se siente impulsada a casarse por razones sexuales. Su deseo de compañerismo se satisface a plenitud mediante las amistades normales con ambos sexos, sin la necesidad de exigir una satisfacción sexual de ellos.

Lo claro es que cada persona nace con un nivel de deseo sexual distinto. La solución para esta diferencia de deseo *dentro* del matrimonio no es tener relaciones sexuales *antes* del mismo para encontrar a alguien que sea compatible sexualmente, sino reconocer y admitir estas diferencias como normales, y hacer los necesarios ajustes dentro del matrimonio. El cónyuge que suple el deseo sexual de su pareja, aunque él mismo no siente ningún deseo en aquel momento, muestra un alto sentido del deber sexual para con ella.

DIOS HA PROVISTO SÓLO EL MATRIMONIO
PARA LA SATISFACCIÓN DEL DESEO SEXUAL

El plan divino para la satisfacción del deseo sexual contempla un único marco: el matrimonio. Ya hemos notado antes, sobre la base de Primera de Corintios 7:3-5, que la mujer, igual que el hombre, tiene deseos sexuales. Hay tres observaciones adicionales que se podrían hacer de este pasaje:

Cada cónyuge tiene la responsabilidad de satisfacer las necesidades sexuales de su pareja

Primera de Corintios 7:3-5 es el pasaje bíblico que con más amplitud trata el tema del sexo dentro del matrimonio. Su tema principal no es la reproducción de la especie, sino el deber sexual que los cónyuges tienen de satisfacerse mutuamente. Cada marido debe satisfacer el deseo sexual de su esposa, igual que cada esposa tiene la responsabilidad de satisfacer el deseo sexual de su marido. La esposa tiene «autoridad» sobre el cuerpo de su marido en el sentido de que el cuerpo de su esposo existe para ella; tiene el derecho bíblico de esperar que su esposo emplee su cuerpo para satisfacerla a ella. De la misma manera, el marido «tiene autoridad» sobre el cuerpo de su esposa. Cada cónyuge tiene el deber de aprender el arte de satisfacer sexualmente a su cónyuge.

La Biblia no dice cómo los cónyuges han de satisfacer sus deseos sexuales, sólo ordena que lo hagan. El coito no es la única manera de satisfacer el deseo sexual. Puesto que Dios no ha dado ningún mandamiento sobre esta cuestión, no deberíamos permitir que las opiniones y tradiciones humanas nos esclavicen. Todo lo que no sea prohibido por las Escrituras es lícito dentro del matrimonio, siempre y cuando sea estéticamente aceptable para los dos y que no haga daño a ninguno de ellos. Dios no ha creado miembros del cuerpo humano que sean buenos y otros que sean malos. Todos son buenos. Los cónyuges no deben tener miedo a experimentar. La variedad tiene la tendencia de desarrollar y mantener vivo el deseo sexual.

Mientras que los dos sexos tienen deseos eróticos, su enfoque hacia el sexo es distinto. Para el hombre el deseo es más bien físico: el sexo por el sexo. Piensa más que nada en el placer físico que aporta. El sexo tiene una prioridad muy alta para el hombre. Al contrario, lo más importante del acto sexual para la mujer es la unión emocional que representa. Para ella, el sexo es parte de la relación total que tiene con su marido. El sexo no le resulta tan importante; pueden haber otras cosas de igual prioridad o más. El hombre se estimula sexualmente casi sólo por lo que ve. De ahí el gran éxito de las revistas para hombres. Por el contrario, la mujer encuentra su mayor estímulo en una conversación significativa con su marido, las caricias y las muestras románticas del amor de su esposo. Para suplir sus respectivas necesidades, los hombres emplean la intimidad para conseguir el sexo y las mujeres hacen uso del sexo para conseguir la intimidad.

Es un error para una esposa intentar rehacer a su marido a su imagen para que sienta lo que ella siente. De la misma manera, es un error para un marido intentar que su esposa se estimule sexualmente de la misma manera que él se estimula. Los sexos son diferentes y estas diferencias no pueden cambiarse. Los cónyuges han de reconocer y aceptar estas diferencias como legítimas, y comprometerse a satisfacer las necesidades sexuales de su pareja de acuerdo con sus tendencias y deseos.

La abstinencia sexual dentro del matrimonio está prohibida

Sea cual sea la razón o motivación, la abstinencia sexual está tajantemente prohibida dentro del matrimonio. La única excepción es cuando, por consentimiento mutuo, los cónyuges deciden dedicarse por entero a la oración. Pero incluso en este caso, no debería ser por mucho tiempo. Cada cónyuge tiene la responsabilidad de satisfacer sexualmente a su pareja cuantas veces se lo pida. La abstinencia como un método de planificación familiar no es bíblica. Tampoco es bíblico que la mujer emplee la abstinencia sexual como un arma para manipular a su marido o para castigarlo cuando se enfada con él.

La santificación personal y una vida sexual satisfactoria son compatibles

Suena casi revolucionario. Después de huir del sexo debido a los muchos abusos que han observado o experimentado de manera personal, el lograr que muchos creyentes acepten el sexo como bueno y entiendan que las Escrituras les permiten disfrutar de él, les representa toda una victoria. Sin embargo, es una victoria a medias. Les queda un paso más: el reconocer que la santificación personal y una vida sexual satisfactoria dentro del matrimonio no sólo son compatibles, sino imprescindibles. Van de la mano, porque 1 Corintios 7:3-5 contiene mandamientos que los cónyuges han de obedecer.

EL SEXO DENTRO DEL MATRIMONIO TIENE TRES PROPÓSITOS

La continuación de la especie

Este propósito es el más obvio, ya que la supervivencia de la especie depende de ello. El acto sexual en este caso es *procreacional*. Es importante recordar que el mandamiento de «fructificad y multiplicaos» (Gn. 1:28) fue dado cuando existía una sola pareja en el planeta. Desde el punto de vista hermenéutico, sería un error ignorar el contexto en que se pronunciaron estas palabras y animar a cada matrimonio a tener tantos hijos como puedan. Mientras los hijos son una gran bendición (Sal. 128:3; 127:3-5), no es preciso que un matrimonio tenga hijos para ser completo, ser felices o reflejar la unidad que existe en la Trinidad.

Nuestro placer y bienestar físico

Todos los creyentes reconocen el sexo procreacional como un uso legítimo del sexo. Pero para muchos el sexo *recreacional* es otra cosa; les cuesta creer que Dios «nos da todas las cosas en abundancia para que las disfrutemos» (1 Ti. 6:17), en especial cuando se trata del sexo. Para algunos, sus reservas se deben a una interpretación confusa, incompleta o incorrecta de la palabra «carne». Como hemos visto, hubo un período en la historia de la Iglesia en que el cuerpo humano y los placeres corporales se consideraron como pecaminosos.

El Nuevo Testamento emplea la palabra «carne» de tres maneras distintas. Primero, para referirse a la comida (1 Co. 8:13). Es obvio que Dios no condena ni prohíbe las hamburguesas. Su segundo uso tiene que ver con el cuerpo humano (1 Co. 6:16, 19; 15:39). El cuerpo se describe como un templo, no un burdel. Dado que el cuerpo del creyente es miembro de Cristo, ¿cómo podría compartirlo con una ramera? El cuerpo del creyente es sagrado. Bien es verdad que puede ser esclavo del pecado. Pero la culpa no es del cuerpo mismo, sino de la naturaleza pecaminosa que habita en él y lo usa para expresarse. Nos engañamos si pensamos que podemos eliminar los deseos pecaminosos convirtiéndonos en ermitaños. Primera de Corintios 6:13 dice que el cuerpo del creyente es para servir al Señor. No se puede sugerir una descripción o posición mejor para el cuerpo. El cuerpo humano es bueno, con todos sus apetitos, incluso el sexo. No deberíamos avergonzarnos de ello. Cristo tomó un cuerpo para sí, dando de ese modo honor al cuerpo humano.

El tercer uso de la palabra «carne» tiene que ver con todo lo que se opone al Espíritu Santo (Ro. 8:5-9 con 13:14). La palabra «carne» se emplea en estos textos, no porque el cuerpo sea malo en sí, sino porque es el instrumento que la naturaleza pecaminosa usa para expresarse.

Aunque la Biblia no aprueba una búsqueda desenfrenada del placer, Dios sí se muestra partidario del placer sexual. Los pasajes tan eróticos del Cantar de los Cantares forman parte del canon de las Escrituras. El autor bíblico habla con claridad del sexo recreacional. La ironía del error de la interpretación alegórica de las Escrituras, en cuanto al tema del sexo se refiere, es que introduce el sexo donde no hay, entendiendo la promiscuidad sexual como el primer pecado de Adán y Eva, e interpreta los pasajes eróticos del Cantar de los Cantares sólo como una ilustración del amor de Cristo con la Iglesia, quitando así el sexo donde sí existe. La posición bíblica es: diviértete y disfruta del sexo cuanto puedas dentro del matrimonio, como una dádiva de Dios al ser humano.

Proverbios 5:15-19 es otro ejemplo claro del sexo recreacional. Después de advertir a su hijo en cuanto a la mujer extraña, Salomón le anima a disfrutar del sexo con su propia esposa. Aunque comienza hablando del acto sexual con un lenguaje figurado muy fino, acaba hablando muy clara y llanamente. «Bebe el agua de tu misma cisterna, y los raudales de tu propio pozo. ¿Se derramarán tus fuentes por las calles, y tus corrientes de aguas por las plazas? Sean para ti solo, y no para los extraños contigo. Sea bendito tu manantial, y alégrate con la mujer de tu juventud, como cierva amada y graciosa gacela, sus caricias ["sus senos", BLA] te satisfagan en todo tiempo, y en su amor recréate siempre.»

La vida en la actualidad es sumamente ajetreada. La tensión y el estrés son el pan de cada día; todos corren a una velocidad que daría mareos a nuestros bisabuelos. Se ha comprobado que el acto sexual es un relajante maravilloso, tanto para el cuerpo como para la mente y las emociones. El acto sexual, sólo en un aspecto, es como la droga: le permite al cónyuge olvidarse por unos instantes de todos sus problemas y preocupaciones. Pero aquí acaba la comparación. La droga devuelve al drogadicto a la realidad con un aterrizaje forzado y violento, y en peores condiciones que cuando empezó su «viaje». En contraste, el sexo dentro del matrimonio deja al cónyuge refrescado, relajado y más unido a su pareja de lo que estaba antes.

Es imposible que el apóstol Pablo pensara en el sexo procreacional cuando escribió 1 Corintios 7:3-5. Tampoco parece que se refería al sexo relacional, ya que los versículos 1, 2 tratan los deseos sexuales normales de un hombre. La única interpretación que queda es que Pablo pensaba en el sexo recreacional cuando escribió este pasaje.

La necesidad de una experiencia sexual dentro del matrimonio que sea divertida, atractiva y variada, se ve reflejada en los tres primeros apartados de una encuesta en la que los participantes contestaron la pregunta: «¿Qué encuentra de atractivo en una relación sexual fuera de la pareja?»[4]

	Hombres	Mujeres
Atracción sexual	34.6%	19.6%
Aventura o distracción	23.5	17.5
Nuevas experiencias	23.6	31.6
Afecto	4.5	15.1
Comunicación	5.4	6.1
Venganza	1.4	1.6
Atracción por lo prohibido	6.2	9.1
No contestó	8.6	7.8

Cuando el deseo por una experiencia sexual recreacional no se satisface *dentro* del matrimonio, la naturaleza pecaminosa de cada persona adquiere más poder seductor a la hora de presionarle a dar rienda suelta a sus impulsos inmorales y satisfacer ese deseo *fuera* de él. Dios quiere que los cónyuges disfruten del sexo dentro del matrimonio «a causa de las fornicaciones» (1 Co. 7:2).

Mientras que los no creyentes no tienen ningún reparo en experimentar con el sexo y disfrutar de él, el sexo recreacional representa una asignatura pendiente para muchos creyentes. Son precisamente los hijos de Dios quienes tienen más derecho y posibilidad de disfrutar del sexo porque su Dios es quien lo ha creado.

La mejor expresión de la unidad

De los tres propósitos del sexo dentro del matrimonio, es éste el que gana el premio. El sexo es la expresión suprema de la unidad que existe entre un hombre y su mujer. El acto sexual en este caso es *relacional*. Existe en cada persona el deseo de entregarse en un compromiso total a una sola persona, y que esa persona se le entregue a ella como la única en su vida. En el acto sexual los cónyuges simbolizan esa entrega total de su ser, en un abandono absoluto a esa persona única. Este es el mensaje del sexo: entrega y compromiso total a una sola persona.

Génesis 2:24 subraya este tercer propósito del sexo dentro del matrimonio. La versión Nácar-Colunga traduce la frase «serán una sola carne» como «vendrán a ser». De la misma manera en 1 Corintios 6:16 la versión de la Biblia de las Américas traduce «serán una sola carne» como «vendrán a ser». Pero si el acto sexual es más bien *puntual* (bien expresado por el verbo «serán»), ¿cómo es que estas dos versiones traducen el verbo «serán» como «vendrán a ser», una traducción que conlleva la idea de un *proceso*, algo que ocurre a lo largo de mucho tiempo? ¿Por qué emplea Moisés un verbo que puede indicar un *proceso* para describir un acto *puntual*?

Es muy probable que Moisés empleara una sinécdoque, una forma del lenguaje figurado en la que se cita una parte de una totalidad, pero que el lector debería interpretar en un sentido total. Hechos 5:9 ilustra cómo funciona un sinécdoque. «¿Por qué convinisteis en tentar al Espíritu del Señor? He aquí a la puerta *los pies* de los que han sepultado a tu marido, y te sacarán a ti.» Es obvio que Pedro entendía que había unos cuerpos enteros subiendo la escalera de esa casa, no simples pares de pies. Habla de sus pies porque se escuchaban las pisadas.

En el caso de «serán» o «llegarán a ser una sola carne», si el acto sexual (un acto puntual) es una parte, ¿cuál es la totalidad (un proceso) a la que se refiere Moisés?

El matrimonio en esencia es el acto del Dios vivo, haciendo de dos personas distintas por completo una sola persona, reflejando así la unidad que existe en la Trinidad. De todos los actos, decisiones, deseos, etc. que ocurren en un matrimonio (el proceso), el acto sexual es el que mejor ilustra la unidad que existe entre dos personas. Para Moisés el acto sexual (un acto puntual) es mucho más que la unión de dos cuerpos; es parte de una totalidad, pero a la vez es la parte de esa totalidad que mejor ilustra y representa lo que es.

Para llegar a ser una sola persona, los cónyuges han de pasar mucho tiempo juntos, compartiendo muchos eventos, acontecimientos y experiencias. También han de aprender a abrirse, compartiendo sus sueños, pensamientos, tristezas, alegrías, temores, problemas, dudas y convicciones. Al entender e identificarse cada cónyuge con lo que piensa y siente su pareja, los dos cónyuges llegan a ser una sola persona.

Al contemplar ese proceso de llegar a ser una sola persona, Moisés elige el acto sexual como el elemento sobre todos los que pueden haber en un matrimonio que mejor ilustra la esencia del matrimonio: el llegar a ser uno, esa unión mística entre un hombre y su esposa.

NOTAS

1. Stafford, *op. cit.*, p. 26.
2. «El ocaso del machismo», *Cambio 16* (No. 814, 6 de julio de 1987), p. 15.
3. *Ibid.*, p. 14.
4. «¿Por qué engañan las mujeres españolas a sus maridos?», *Tiempo* (4 de enero de 1988), p. 11.

CAPÍTULO 16

El papel del espíritu, el intelecto, las emociones, y el cuerpo en el acto sexual

෨෨ඁ

El acto sexual involucra todo el ser: las emociones, el intelecto, el espíritu y el cuerpo. Estas cuatro partes del ser humano están íntimamente relacionadas. Además de afectarse mutuamente, algunas partes controlan a otras. Como veremos en este capítulo, el cuerpo es quizá la parte que menos papel juega en una experiencia sexual positiva.

El aspecto emocional del acto sexual controla el aspecto físico. Prueba de ello es que los cónyuges no quieren amarse físicamente cuando están enfadados el uno con el otro. Al contrario, cuando su amor a nivel emocional prospera, su relación física va «viento en popa». Por eso se ha dicho que el acto sexual es en un 90% emocional y en un 10% corporal.

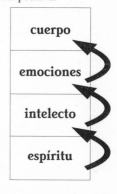

El intelecto controla las emociones. Lo que se cree intelectualmente en cuanto al sexo produce las ilusiones y expectativas correspondientes. Si la información que una persona admite en su mente no se corresponde con la verdad, acaba por tenderse una trampa. Cuando sus expectativas no pueden realizarse, se producen emociones de tristeza y desengaño. Y éstas, a su vez, le quitan a la persona las ganas de realizar el acto sexual. Por ejemplo, hay maridos que creen que sus esposas pueden y por lo tanto, deben tener ganas de celebrar el acto sexual a cada hora del día y de la noche. Cuando descubren que sus esposas no les desean tanto, su rabia y frustración les dejan con pocas ganas de celebrar el acto sexual con ellas.

Si las emociones controlan el aspecto físico, y el intelecto controla las emociones, ¿qué es lo que controla al intelecto? En principio el espíritu controla al intelecto.

EL PAPEL DEL ESPÍRITU

El espíritu es esa parte invisible del ser humano que es capaz de relacionarse con Dios. Cada persona elige consciente o inconscientemente las fuentes que le van a aportar los datos y valores en cuanto al sexo: sus amigos, los medios de comunicación, sus padres, etc. Quienes eligen a Dios, el Creador del sexo, como su fuente primordial de información, se garantizan la verdad en cuanto al sexo, la que a su vez beneficiará de forma positiva el aspecto emocional y corporal.

Como el espíritu de la persona no creyente está muerto, Dios no puede ayudarlo *de manera directa* en su matrimonio por no tener una relación personal con Él. Pero hasta un no creyente puede entender lo sensatas que son las leyes divinas en cuanto al sexo y vivir de acuerdo con ellas.

Por el contrario, el creyente tiene acceso a Dios. Su relación personal con Cristo le facilita la posibilidad de una actitud y una información correcta. Todo depende de su disposición para buscar y aceptar lo que Dios le ofrece. El creyente que elige vivir según su propia agenda y prioridades, viviendo para sí mismo, no suele tener en cuenta las necesidades y deseos de su pareja. Como no vive en comunión íntima con Dios, tampoco suele lograr una convivencia satisfactoria con su cónyuge en muchas áreas de su matrimonio, incluso el aspecto sexual.

El creyente que cultiva cada día su relación con el Señor verá cómo el Espíritu Santo cambia aquellas actitudes que son contrarias al carácter de Dios. Cuanto más se parezca a Cristo, mejor cónyuge será, lo cual afectará de forma positiva la vida sexual que tiene con su pareja. La cualidad de la relación interpersonal siempre determina la cualidad de la relación sexual, nunca a la inversa.

El creyente tiene acceso también a una información correcta en cuanto a las verdades fundamentales sobre el sexo. Luego, le quedará la tarea de informarse en cuanto a los detalles del acto sexual que no se encuentran en las Escrituras.

El papel del espíritu y la vida espiritual del creyente tienen mucho que ver con una vida sexual satisfactoria. Podría considerarse la base de todo lo demás. «Los cónyuges que comparten el mismo llamamiento espiritual, casi sin excepción, llegan a apreciarse el uno al otro como más que un compañero sexual, y ese aprecio suele ayudarlos a ser amantes sexuales mejores. Por lo tanto, los creyentes que se encuentran distanciados el uno del otro comienzan a encontrar salvación sexual al dirigir sus ojos de forma más completa hacia Cristo.»[1]

EL PAPEL DEL INTELECTO

La parte intelectual del acto sexual tiene que ver con nuestro entendimiento en cuanto al sexo. ¿Es sólo para la procreación? ¿Es el sexo malo o un mal menor que la mujer ha de aguantar dentro del matrimonio? Lo que entendemos y aceptamos intelectualmente como la verdad en cuanto al sexo, afectará y controlará lo que sentimos (emociones) y lo que hacemos (cuerpo).

Alguien ha sugerido que un 50% de lo que creemos en cuanto al sexo proviene de nuestros amigos, las personas que menos información acertada tienen. Los medios de comunicación, una herramienta pedagógica muy eficaz, aporta un 25% a nuestra educación sexual. Y por último, nuestros padres, la escuela y la iglesia se reparten el 25% restante. O sea, las personas que más información acertada tienen para ofrecernos son, precisamente, las que menos influencia tienen en la vida de los adolescentes y jóvenes.

Si la información que aceptamos en nuestro intelecto es insuficiente, distorsionada o descaradamente errónea, el resultado suele ser confusión en cuanto al propósito del sexo, lo cual produce ilusiones y metas incorrectas, que a su vez dan lugar a actos indebidos con sus correspondientes duras consecuencias, o frustración porque estas ilusiones, que no se corresponden con la realidad, no pueden llevarse a cabo.

La Biblia nos da unas verdades fundamentales sobre el sexo. Además, hay otros datos complementarios en cuanto al cuerpo humano y el acto sexual que no contradicen las Escrituras y que han sido descubiertos por los seres humanos.

EL PAPEL DE LAS EMOCIONES

La parte emocional del acto sexual tiene que ver con lo que estimula o apaga nuestro interés sexual. Ninguno de los cuatro aspectos del acto sexual es tan susceptible, difícil de comprender en nuestra pareja, difícil de controlar, ni tan presente en el acto sexual como el aspecto emocional. De las emociones dependen el estímulo sexual y las ganas de realizar el acto sexual. Sin el aspecto emocional el sexo se convierte en una rutina, un simple acto biológico.

Factores que promueven las emociones necesarias para una vida sexual satisfactoria

La convivencia de los cónyuges y una unidad creciente es lo que de forma más directa afecta y promueve las emociones que llevan a una relación sexual positiva. Está de moda culpar a una supuesta incompatibilidad sexual cuando una pareja errónea se enfrenta con problemas sexuales. Es otra manifestación de la creencia errónea de que el sexo es el centro de la experiencia humana. La incompatibilidad sexual no es el verdadero problema, sino la incompatibilidad interpersonal, la cual se manifiesta mediante la amargura, el odio, el distanciamiento, la falta de comprensión, el rencor, la falta de perdón, todo lo cual actúa como un freno al sexo. Si la relación de los cónyuges se caracteriza por un conflicto continuo, no existe ninguna posibilidad de tener una relación sexual satisfactoria. Por el contrario, lo que más despierta las emociones del amor sexual es un sentimiento de unidad emocional que va en aumento con el paso de los días.

La creatividad juega un papel importante en las emociones necesarias para una vida sexual satisfactoria ya que el aburrimiento y la rutina las apagan. La pareja debe entender el acto sexual como un experimento. Cualquier cosa que sea placentera, que sea estéticamente aceptable para los dos y que no haga daño a ninguno de ellos, es legítima. Dios no ha dicho cómo el cónyuge ha de satisfacer el deseo sexual de su pareja, sólo que lo haga. Para cultivar la creatividad en su relación sexual, cada cónyuge debe preguntar a su pareja cuáles son las cosas que le gustan, o qué es lo que le gustaría probar. Es importante que la pareja conteste estas preguntas con sinceridad cuando su cónyuge se las hace. También, leyendo buenos libros sobre el tema y comentándolos es otra forma de fomentar la creatividad.

La intimidad es otro factor para promover las emociones necesarias de una relación sexual positiva. Mientras que el hombre es muy propenso a realizar el acto sexual en sitios arriesgados, la mujer requiere una garantía de que no habrá interrupciones. Un cerrojo en la puerta del dormitorio es una buena inversión. Descolgar el teléfono es una decisión muy acertada. El acto sexual requiere intimidad.

Traumas sexuales obstaculizan emociones sanas

Uno de los mayores obstáculos en cuanto al aspecto emocional del acto sexual es el de un trauma sexual sufrido, sea de niño o de adulto. En una encuesta se preguntó: «¿Alguien te maltrató o intentó maltratarte?»[2] Un 47% de las mujeres y un 29% de los hombres dijeron que sí. Las encuestas sobre temas sexuales no siempre pueden tomarse muy en serio. Pero en este caso podemos considerar la respuesta como bastante fidedigna, ya que la pregunta no obliga al participante a probar su machismo o defender un estilo particular de vida sexual.

La agresión sexual deja una huella muy profunda en las emociones de una persona y por lo tanto, requiere un trato muy paciente y especial. Aunque los hombres suelen reaccionar más fríamente que las mujeres ante los problemas de la vida, aun para ellos una agresión sexual es particularmente difícil de encajar.

confusas y negativas cuando se encuentran en los inicios del acto sexual con su marido o cuando alguien habla del sexo. ¿Qué puede hacer un matrimonio en el cual la esposa ha sufrido una violación, un intento de violación, el incesto o unos maltratos deshonestos, sea antes o después de casarse?

1. Identificar la causa de las emociones negativas. En la gran mayoría de los casos, una agresión sexual del pasado producirá reacciones negativas y confusas en cuanto al acto sexual. El identificarla como la causa de su problema, cuando sea así, puede ser de mucha ayuda. Pero los cónyuges deben recordar que el identificar la causa no necesariamente resolverá las emociones negativas de la mujer en cuanto al acto sexual. Hay que tomar unas iniciativas adicionales.

2. Explicar lo sucedido a su marido. Al identificar la causa de su problema, la mujer debe vencer su miedo a la posible reacción negativa de su marido y compartir esa información con él. La mejor respuesta que un marido puede dar a su esposa es resistir la típica reacción de muchos hombres egoístas de considerarla sucia, amarla como nunca y así compartir con ella el peso de una experiencia tan trágica. Ser comprensivo y paciente, entendiendo que sus heridas emocionales no se cicatrizan ni se sanan de la noche a la mañana.

3. Hacer lo que debe, tanto si siente o no las emociones correspondientes. Una agresión sexual programa las emociones para rechazar el acto sexual. Si la mujer espera hasta que le entren ganas de realizar el acto sexual con su marido, la probabilidad es que nunca lo hará. Al principio de este capítulo mostramos cómo el intelecto controla las emociones. Sin embargo, una agresión sexual es una experiencia tan fuerte y traumática, que sería simplista e ingenuo creer que las emociones pueden programarse de nuevo por un sencillo cambio intelectual en cuanto al sexo. En muchísimos casos la persona tendrá que «atacar» las emociones dañadas no sólo desde su intelecto, sino también desde su cuerpo, recordando que las acciones son las precursores de las emociones. O sea, haciendo lo que se debe, aunque no sienta ganas de hacerlo y aunque sea

sólo para agradar a su pareja, uno puede programar sus emociones para encontrar gusto en un acto que al principio le repugnaba o daba temor. La esposa debe realizar el acto sexual con su marido, aunque no sienta ganas de hacerlo, ni disfrute de ello al principio. Cada vez que haga lo que debe, programa un poco más sus emociones a sentir correctamente. Con el tiempo, empezará a sentir las emociones correspondientes.

programa un poco más sus emociones a sentir correctamente. Con el tiempo, empezará a sentir las emociones correspondientes.

4. Ayuda profesional psicológica. Si los pasos anteriores no resuelven el problema, es aconsejable que los cónyuges busquen juntos la ayuda de un psicólogo que sea creyente o un no creyente con una ética bastante bíblica.

EL PAPEL DEL CUERPO

La parte corporal tiene que ver con las funciones sexuales del cuerpo humano, las diferencias que existen entre los sexos, las técnicas del acto sexual, etc.

Cada persona nace con un nivel de deseo sexual que es distinto de los demás. Cuando el marido tiene un nivel de deseo sexual inferior al de su mujer, suele negarlo. Cuando es al revés, la mujer suele tener el sentido común de reconocerlo y admitirlo. El cónyuge que tiene menos deseo sexual que su pareja, puede tomar la decisión de satisfacerla sexualmente. Lejos de representar un acto de hipocresía, esta decisión representa un alto sentido de la responsabilidad para cumplir con su deber conyugal. Cuando éste sea el caso, la pareja con el mayor deseo sexual debe aceptar y agradecer el regalo que su cónyuge le ha hecho, sin exigirle que sienta unas ganas que no tiene.

La llamada frigidez en la mujer es mayormente un problema espiritual, intelectual o emocional, no corporal. La literatura actual sobre la medicina psicosomática ha convencido a la gran mayoría de los ginecólogos que la frigidez femenina es psicológica en su origen. Las causas mayores son una falta de unión emocional con su marido, un concepto bajo del sexo o alguna experiencia sexual traumática en el pasado.

Cuando existe un problema en el aspecto corporal, tanto por parte del marido como por parte de la mujer, las causas suelen ser, en orden de prioridad, el cansancio, la enfermedad, la ignorancia en cuanto a algún aspecto del acto sexual o un impedimento físico, el cual puede ser resuelto en la mayoría de los casos por un médico.

Dos de los mejores libros en el campo evangélico en cuanto al acto sexual son *El acto matrimonial* por T. LaHaye, un pastor y conferenciante; y *El placer sexual* por E. Wheat, un médico. *Amor y sexualidad después de los 40* por Robert N. Butler y Myrna Lewis, y *Sex Over 40* por Saul H. Rosenthal, son dos libros seculares de los cuales los casados que han alcanzado cierta edad pueden recoger mucha información útil.

NOTAS

1. Stafford, *op. cit.*, p. 36.
2. «El ocaso del machismo», *op. cit.*

CAPÍTULO 17

Pecados sexuales identificados en la Biblia

Había una vez un hombre que compró un nuevo coche. El manual de instrucciones le informó que debía usar, única y exclusivamente, gasolina sin plomo. Después de algún tiempo, se dio cuenta de que no podía con las letras de su nuevo automóvil. Al buscar formas de recortar gastos, recordó haber visto la última vez que pasó por la gasolinera que el diesel era bastante más económico que la gasolina sin plomo. Entonces tomó una decisión genial: la próxima vez echaría diesel al depósito de su coche.

Así que cuando su depósito llegó a cero, echó gasóleo. Cuando su coche arrancó, salió por el tubo de escape una nube enorme de humo negro. A pocos kilómetros el coche, ya agonizando, murió. El hombre se enfadó tanto que escribió una carta al concesionario que le había vendido el automóvil en la que decía: «No me gusta que me digan lo que tengo que poner en el depósito de mi coche. ¿Quiénes se creen que son diciéndome cómo he de tratar a mi propio coche, dictando e imponiéndome leyes y normas, y quitándome mi libertad de acción? El coche es mío, ¿no?»

Aparte de las leyes civiles que pueden prohibir ciertos actos sexuales, ¿tiene el hombre el derecho de hacer con su cuerpo lo que le plazca? Por supuesto que sí; su cuerpo es suyo. Sin embargo, por ser el Creador del sexo, Dios sabe mejor que nadie cómo el hombre lo ha de tratar y emplear para que sea una bendición para él en vez de un problema más. Además, por ser el Creador soberano del universo, Dios no hace al hombre sugerencias sobre el sexo, sino mandamientos. Quienes reclaman el derecho de hacer con el sexo lo que mejor les parezca, sólo logran limitar su eficacia o destruirlo por completo.

El creyente no es contrario al sexo, sino que le encanta, lo practica y da gracias a Dios por él. Sin embargo, para el creyente el sexo no es un simple acto biológico, sino un aspecto de su vida en la que está dispuesto a reconocer el señorío de Cristo. Cuando rechaza la promiscuidad y otros sustitutos del matrimonio, lo hace «sobre la base de la convicción de que la libertad y el abandono amoroso tan necesarios para el éxtasis sexual sólo provienen y brotan de una relación de compromiso matrimonial».[1]

La ley de Dios nos protege de nuestros propios caprichos y autoengaños. En este día en que las enfermedades de transmisión sexual parecen ser tan difíciles de curar, la ley de Dios evita que nuestra sexualidad sea la fuente de nuestra muerte. También, la ley de Dios evita que muchas mujeres sean descartadas y abandonadas por sus maridos cuando lleguen a cierta edad. «Un estadounidense que se divorcia y se casa de nuevo, elegirá una segunda esposa que tenga diez años menos que su primera esposa. Debido en gran parte a este hecho, las divorciadas que tengan más de 40 años suelen quedarse solas».[2]

EL ADULTERIO

El adulterio es el acto sexual por parte de una persona ya casada, con alguien que no sea su propio cónyuge. La palabra «adulterio» en sus varias formas, aparece unas 53 veces en el Nuevo Testamento. La Biblia no trata de esconder este pecado, aun cuando haya sido cometido por sus personajes más ilustres.

Durante la última mitad del siglo xx ha habido un cambio notable en cuanto a la actitud y práctica del adulterio. Lo ocurrido en España es idéntico a los cambios que han ocurrido en casi todos los países democráticos. En 1968, López Ibor escribió: «Aun cuando desde un punto de vista puramente teórico todos estarían de acuerdo en que la norma sexual es la misma para ambos sexos, no cabe ninguna duda de que, en el momento de pasar a la práctica, las cosas no se ajustan a este punto de partida. Mientras a la mujer se le exige una irreprochable virginidad antes de llegar al matrimonio y una fidelidad a toda prueba antes de llegar al matrimonio, y una fidelidad a toda prueba una vez dentro de él, nuestra sociedad sabe perfectamente, aun cuando intenta fingir no saberlo, que son escasísimos los hombres que contraen matrimonio sin haber mantenido relaciones sexuales y sabe también que muchos de los hombres casados sostienen relaciones extramatrimoniales.»[3]

Sólo 10 años más tarde parece que las mujeres ya se situaban en el polo opuesto de esta descripción. Con la aceptación de otros estilos de vida sexual y con los anticonceptivos cada día más asequibles, las mujeres se han mostrado tan adúlteras como los hombres. En 1978 un artículo titulado «Ola de adulterios» describió este cambio tan radical. «Está en voz del pueblo y de especialistas: el adulterio ha proliferado en España en estos últimos años hasta extremos insospechados por los tolerantes. Resulta que lo único que parece haberse derrumbado en esta ocasión, como en otras, es la hipocresía. Y la resignación. La mujer no se conforma ya con el fogón y la pata quebrada, y actúa en consecuencia cuando el cuerpo o el ánimo se lo piden. Eso es lo nuevo. Que en un país latino, donde el adulterio masculino ha resultado siempre incluso de buen tono en ciertos sectores sociales, sean ahora las mujeres las que empiecen a tomar iniciativas extraconyugales, eso es lo sintomático. Hoy día un 35 ó 40% de las demandas de separación las presentan los maridos alegando adulterio de la esposa. Este porcentaje era, hace unos años, el 15%. Las adúlteras se sitúan entre los treinta y los cuarenta años, que es la edad complicada y peligrosa del matrimonio, el escollo que hay que saber superar.»[4]

Y diez años más tarde, en 1987 y 1988, aparecieron tres artículos acerca de la infidelidad de los maridos y las esposas. Entre otros datos, se dieron a conocer los resultados de una encuesta contestada por las mujeres, cuya única pregunta era: «¿Ha tenido usted alguna relación sexual con una persona distinta a su pareja habitual?»[5] Un 16,9% de las mujeres dijeron que sí. Al preguntar a ese 16,9% sobre la frecuencia de sus relaciones extramatrimoniales, un 12,3% contestó «muchas veces», un 41,3% «algunas veces», y un 45,8% «1 ó 2 veces».

Cuando existe una ruptura profunda entre los cónyuges, se manifiesta principalmente mediante las palabras fuertes, la crítica y el gritar. Si uno de los cónyuges quiere hacer un daño mayor a su pareja, cabe la posibilidad de repetir sus faltas a los vecinos y amigos. Si la ruptura aumenta, los cónyuges son capaces de acudir a la violencia. Mientras que la mujer suele tirar platos y zapatos, el hombre tiene la tendencia de pegar con la mano o el puño. Pero el arma más potente y peligrosa, la que hace más daño que cualquier otra, es la infidelidad. Los recuerdos que el adulterio crea en el cónyuge fiel son casi imposibles de borrar. Aunque los cónyuges se reconcilien, la duda permanece en la mente de la pareja fiel: «Ya lo ha hecho una vez. ¿Qué garantía tengo de que no lo hará de nuevo?»

La fornicación

La Biblia emplea la palabra «fornicación» de dos maneras. En su uso más amplio se refiere a la inmoralidad en general, sin especificar si la persona en cuestión está casada o no (2 Co. 6:16, 18). En su significado más limitado, la fornicación es el acto sexual por parte de una persona no casada. Un soltero puede fornicar, pero no puede adulterar. Una persona casada puede fornicar, participando en pecados sexuales en general, además de adulterar.

El contexto de 1 Corintios 7:1-2, donde se emplea la palabra «fornicación», trata de un soltero. Por eso Pablo sugiere que se case. En 1 Corintios 6:9 y Gálatas 5:19, se ve que el adulterio y la fornicación son distintos ya que aparecen las dos palabras en el mismo texto.

Durante los últimos años, las encuestas han detectado una clara tendencia por parte de los jóvenes de iniciarse cada vez más temprano en las relaciones sexuales. «Mientras que la natalidad global desciende, la tasa de fecundidad en chicas de 15 a 19 años crece de forma alarmante. El embarazo en adolescentes es considerado de alto riesgo y normalmente acarrea consecuencias sociales, familiares y económicas extremadamente duras para las mujeres afectadas.»[6] Entre otras cosas, uno de los grandes peligros de esta tendencia es que «antes de los 17 años, la mujer aún no está formada para ser madre. Y esto puede acarrear muchos riesgos como niños de bajo peso, una pelvis no desarrollada lo suficiente que dificulta el parto y hace necesaria la cesárea, etcétera. Además de todos los problemas psicológicos que pueden afectar a la madre».[7]

En el Nuevo Testamento la fornicación se menciona con frecuencia en el contexto del acto sexual con prostitutas, ya que éstas y el adulterio eran las formas más comunes del sexo extramatrimonial en el mundo bíblico. No existían muchos solteros. La gente solía casarse a una edad bastante joven y la virginidad de las solteras era protegida muy de cerca por los padres. Las investigaciones han mostrado que existen muchos factores que empujan a una mujer a comerciar con su cuerpo: el rechazo de la sociedad por ser madre soltera, la drogadicción, los problemas conyugales, el abandono violento del hogar y el ambiente social en el que se criaron. Pero la principal razón por la cual una mujer se dedica a la prostitución, según todos los estudios, es más bien la económica.[8]

Los creyentes son exhortados en términos muy claros a abstenerse del adulterio y de la fornicación (He. 12:16; 1 Co. 6:13; 10:8 con Nm. 25:1, 9; Hch. 15:20, 29; 21:25; 1 Ts. 4:3), a huir de ellos (1 Co. 6:18), a no dejar que se nombren entre ellos (Ef. 5:3) y a apartarse de cualquier persona que, llamándose creyente, continúa en esas prácticas (1 Co. 5:9-11).

La actitud que el creyente debería adoptar ante la fornicación y el adulterio tiene dos vertientes. Por un lado, ha de evitar el peligro de menospreciar la seriedad con que la Biblia considera estos pecados, cosa tan fácil de hacer hoy día en que la fornicación y el adulterio han llegado a ser tan comunes. La Biblia enseña que los fornicarios y los adúlteros son enemigos de Dios (Stg. 4:4), serán juzgados por Dios (He. 13:4), no heredarán el reino de Dios (1 Co. 6:9; Ef. 5:5) y pasarán la eternidad en el infierno si no se arrepienten (Ap. 21:8; 22:15).

Por otro lado, cada creyente ha de adoptar la actitud y la práctica de Jesús en cuanto a los adúlteros y los fornicarios. Jesús tuvo una amistad sincera con los «pecadores» (Lc. 15:2), un grupo de personas compuesto por fornicarios, adúlteros y otras personas marginadas de la sociedad religiosa judía. Sin embargo, mientras que Jesús aceptaba la *persona* de los adúlteros y los fornicarios, condenaba con mucha claridad su *pecado* (Lc. 15:1, 2; Jn. 8:1-11). Aunque sea una línea muy fina para andar, el verdadero discípulo de Cristo está comprometido a seguir el ejemplo de Jesús. En el caso de la persona que dice ser creyente, pero practica la fornicación o el adulterio, el apóstol Pablo manda: «con el tal ni aun comáis» (1 Co. 5:11).

EL INCESTO

El incesto es la tentativa o la realización de prácticas sexuales entre personas allegadas por consanguinidad o afinidad;[9] o sea, la realización del acto sexual con alguien de la misma familia inmediata o de primer grado (Lv. 20:11; Dt. 22:30; 27:20, 22; Ez. 22:11). El acto sexual con un miembro de la familia política, como una nuera (Lv. 20:12) o madrastra, no sería incesto, sino fornicación o adulterio, según el estado civil del que lo practica. No queda claro si el caso de 1 Corintios 5:1 se trataba de una relación de incesto entre una madre y su hijo, o entre una madrastra y su hijastro.

De las posibles combinaciones familiares de incesto, la más violenta y trágica es la de un padre con su hija. Las heridas y cicatrices psicológicas que deja en estas niñas son particularmente crueles porque son víctimas por partida doble. En primer lugar, por ser el objeto de la violación por parte de la persona en quien deberían poder tener la mayor confianza, su propio padre. En segundo lugar, porque según las investigaciones estas niñas suelen culparse a sí mismas por la carencia de felicidad matrimonial de sus padres. Se someten al incesto, creyendo que si pueden satisfacer sexualmente a sus padres, los problemas en el matrimonio de sus padres se solucionarán.

Después de las familias donde existe un alto nivel de alcoholismo, la incidencia más alta de incesto y maltrato físico ocurre en los hogares que son muy religiosos.[10] ¿Será porque por tanto tiempo en nuestras iglesias hemos considerado el sexo como un tema tabú, algo que mencionar sólo de forma velada y a escondidas, como el niño que jugando con un balón en la playa intenta mantenerlo bajo el agua? Pero ese balón subirá a la superficie, tarde o temprano. Y lo hará sin control y de forma violenta, haciendo daño a muchas personas. La mejor protección contra las consecuencias trágicas del mal uso del sexo es una enseñanza consecuente y clara sobre la verdad bíblica del mismo.

EL BESTIALISMO

El bestialismo es la realización del acto sexual con un animal. Suele darse en aldeas retiradas y áreas rurales en las que el trato con las personas no es fácil ni variado. También puede ocurrir en las grandes ciudades, teniendo por objeto los animales domésticos menores. El bestialismo es condenado en textos como Éxodo 22:19, Levítico 18:23 y Deuteronomio 27:21.

LOS PECADOS RELACIONADOS CON EL SEXO

Hay pecados que no incluyen el coito, pero que están relacionados con el sexo. La seriedad de estos pecados estriba no sólo en lo que es el acto en sí, sino también en lo que implica; a saber, una falta de un entendimiento sano del sexo que tiende a llevar a la persona al acto sexual fuera del matrimonio.

Travestirse

Travestirse es el acto de vestirse con ropa del sexo opuesto, motivado por una atracción erótica especial por dicha ropa, con el propósito de excitarse sexualmente a sí mismo, o de seducir a otra persona. El plan divino promueve una distinción clara entre los sexos que se manifiesta mayormente a través de la ropa (Dt. 22:5), el pelo (1 Co. 11:6, 14) y los gestos (1 Co. 6:9).

Afeminamiento

El afeminamiento es la elección voluntaria y consciente por parte del hombre de adoptar gestos y modales que la sociedad acepta como característicos de una mujer, pero no de un hombre. Mientras que el travestido se centra en la ropa y el pelo, el afeminado seduce con su forma de gesticular con las manos y sus ojos, y su forma de hablar y andar.

Primera de Corintios 6:9 es una referencia a quienes practican el afeminamiento de forma voluntaria, consciente y gustosa. El afeminamiento es empleado por algunos homosexuales para ligar con otros homosexuales. No todos los afeminados son homosexuales, ni todos los homosexuales son afeminados. Hay quienes han adquirido de manera inconsciente modales y gestos femeninos por vivir una buena parte de su infancia y adolescencia entre muchas mujeres (abuela, madre y muchas hermanas), sin la debida influencia masculina de un padre o hermanos varones. Para librarse de estos modales, a estos hombres les convendría: darse cuenta de que existen gestos masculinos que la sociedad reconoce como netamente varoniles; pasar tiempo con hombres que tengan un entendimiento sano y bíblico sobre el sexo y unos modales sumamente masculinos; y practicar algún deporte que requiera un esfuerzo físico.

Vestirse de forma provocativa

Existe una gran diferencia entre el vestirse de forma atractiva y el vestirse de forma provocativa. Muchas de las nuevas modas acentúan el cuerpo femenino de tal forma que caen en la provocación sexual, la cual está prohibida para la mujer (1 Ti. 2:9).

No resuelve ningún problema el insistir en que los hombres no deben tener una mente tan sucia. La presencia de la naturaleza pecaminosa, aun en los hombres más santos, será una realidad hasta que cada uno vea a Cristo cara a cara. Mientras tanto, las mujeres tienen una responsabilidad especial de no provocar esa naturaleza en los hombres. El que hace caer a otro, peca contra esa persona (1 Co. 8:9-13).

Desde luego no es ningún testimonio positivo llevar ropa que estaba de moda hace 25 años. Hay modas que en sus inicios fueron consideradas inmodestas, pero que hoy son perfectamente aceptables. Existe una santidad temporal. Las creyentes deben cambiar con los tiempos, pero no ser ni las primeras ni las últimas en hacerlo. Por supuesto que algunas modas siempre serán indecentes.

La modestia a que se refiere 1 Timoteo 2:9 tiene que ver con la forma de vestirse en público. No debe haber ninguna modestia dentro del matrimonio. ¡Qué ironía más cruel sería para un marido tener que luchar todo el día contra la tentación de dar rienda suelta a sus pensamientos, por la forma tan provocativa con que algunas mujeres se visten en público, sólo para volver a casa al final del día y encontrar que su esposa es más modesta en la intimidad de su propio dormitorio que las otras mujeres en público!

Chistes verdes

La palabra griega traducida como «truhanerías» (RVR60) o «groserías» (BLA) en Efesios 5:4 se refiere a chistes que se burlan del sexo o que desprecian algún órgano sexual del cuerpo humano. La persona que cuenta chistes verdes demuestra que no entiende, no aprecia, ni ha aceptado el plan divino para el sexo. En efecto, considera como malo algo que Dios ha declarado bueno.

Pensamientos promiscuos

Los pensamientos y fantasías sexuales, por sí solos, no son pecaminosos. Pero llegan a serlo cuando reflejan la realización del acto sexual con una persona fuera del matrimonio. Las palabras de Jesús en Mateo 5:27, 28 sobre el adulterio mental se refieren al *deseo* adúltero, el que con toda probabilidad viene acompañado de unos pensamientos y fantasías sexuales en los que la persona se imagina celebrando el acto sexual fuera de los límites que Dios ha establecido.

Hay pensamientos sexuales que son admirables, puros, decentes, llenos de amor y por lo tanto, son legítimos. A la vez hay pensamientos y fantasías sexuales que han de rechazarse por ser impuros, feos, repugnantes, impersonales, irrealistas y normalmente inmorales.

Sin duda, existe una gran diferencia entre la excitación sexual que se provoca al ver o imaginar una persona que sea sexualmente atractiva y el «codiciar la mujer de tu prójimo». Definir la diferencia o establecer dónde se encuentra el límite, no es tan fácil. Por un lado, hemos de afirmar que el sexo es bueno y que todas las relaciones interpersonales cuentan con una dimensión sexual apropiada. Es difícil, quizás imposible, no notar la atracción sexual que tiene otra persona, especialmente en una cultura como la nuestra en la cual el sexo se ha convertido en una herramienta eficaz para la venta. Por otra parte, sí tenemos algún control sobre lo que deseamos y una responsabilidad de adiestrar nuestro deseo para que se dirija hacia una sola persona que hemos elegido como nuestra pareja.[11]

Es lógico y legítimo que un novio piense en cómo será el acto sexual con su novia, ya que el sexo en este caso se contempla dentro del marco del matrimonio, lo cual representa la voluntad de Dios. Sin embargo, los novios harían bien en asegurarse de tener el control sobre sus pensamientos, en vez de que les controlen a ellos. Conviene que el acto sexual dentro del matrimonio no sea la única cosa en la que piensen.

NOTAS

1. Frey, William. «Really Good Sex», *Christianity Today* (19 de agosto de 1991), p. 12.
2. Stafford, *op. cit.*, p. 33.
3. Ibor, López. *Libro de la vida sexual* (Barcelona: Editorial Danae, 1968), p. 158.
4. «Ola de adulterios», *Cambio 16* (12 de noviembre de 1978), pp. 106-108.
5. *Tiempo* (28 de diciembre de 1987), p. 13.
6. «El 25% de los españoles practican el coito por primera vez entre los 15 y los 16 años», *El País* (24 de enero de 1987), p. 21.
7. «Baja el número de madres adolescentes», *Periódico de Catalunya* (23 de mayo de 1994), p. 17.
8. Véase «La mayoría de las prostitutas van a misa y no votan», *Tiempo* (5 de mayo de 1986), pp. 110-118.
9. *Convivencia III*, Sedmay Ediciones, p. 14.
10. «Deflating the Gender Myths», *Christianity Today* (19 de agosto de 1991), p. 59. Un resumen de Michael W. Mangis del libro *Gender and Grace: Love, Work and Parenting in a Changing World*, escrito por Mary Stewart Van Leeuwen (InterVarsity).
11. Stafford, *op. cit.*, p. 32.

CAPÍTULO 18

La homosexualidad

La homosexualidad es un tema tan importante en la actualidad que merece un capítulo aparte. ¿Es la homosexualidad un pecado o sencillamente un estilo de vida sexual alternativo para quienes la encuentren más atractiva?

Ha crecido en torno a los estudios y discusiones sobre la homosexualidad todo un vocabulario nuevo que conviene aclarar antes de abordar este tema. El *heterosexual* se limita en sus relaciones sexuales a personas del sexo opuesto. La palabra *bisexual* se refiere a quienes ejecutan el acto sexual tanto con personas del sexo opuesto como con las de su mismo sexo. El término *homosexual* abarca tanto a las mujeres como a los hombres, y se refiere a quienes realizan el acto sexual con personas del mismo sexo. Sin embargo, con el tiempo la palabra ha venido a referirse principalmente a los hombres y el término *lesbiana* a las mujeres. La palabra *sodomía* es una clara referencia a las intenciones homosexuales de los hombres de la ciudad de Sodoma (Gn. 19:4-8) y se refiere al coito anal.

Se habla del homosexual latente, que ni siquiera es consciente de sus deseos, hasta que la ocasión despierta dichas inclinaciones. La homosexualidad latente puede manifestarse mediante un deseo sexual débil o, por el contrario, como una forma de compensar por un interés muy vivo por el sexo. El homosexual pasivo puede estar casado y tener una familia, y a la vez participar en actos homosexuales cuando la oportunidad se le presenta. El homosexual activo busca y solicita la participación de otros homosexuales.

El sexólogo Kinsey sugirió que hasta un 10% de la población podría ser homosexual. Sin embargo, su conclusión ha caído en descrédito ya que se limitó a personas que ya se encontraban en ambientes muy propensos a la actividad homosexual. Las investigaciones actuales sugieren que sólo del 1% al 3% de la población podría participar en actos homosexuales.[1]

TEORÍAS EN CUANTO A LAS CAUSAS DE LA HOMOSEXUALIDAD

La importancia de determinar la causa de la homosexualidad estriba en la orientación que se podría dar a quienes quieren librarse de ella. Una aspirina no sirve si el paciente padece un ataque de apendicitis. Conviene diagnosticar con suma precisión cuál es la causa de la homosexualidad. Se han sugerido tres posibles orígenes:

Por nacimiento

Cuando el tema salió por primera vez al forum público, muchos homosexuales insistían en que su orientación sexual se debía a alteraciones biológicas, genéticas o cromosómicas, animados por varias teorías propuestas por estudios médicos y científicos. Esta teoría encontró bastante aceptación entre la comunidad *gay* porque, entre otros motivos, absuelve al homosexual de cualquier responsabilidad personal. Argumentaban que si la homosexualidad se adquiere por nacimiento, entonces representa una condición normal. Lo normal no puede considerarse inmoral. Por lo tanto, no tiene ningún sentido prohibir la homosexualidad. Si se nace homosexual, ¿qué culpa tiene uno?

Sin embargo, la mayoría de los médicos y científicos, que son las personas más capacitadas para evaluar esta teoría, la rechazan por carecer de pruebas concluyentes. «El hecho de que algunos homosexuales tengan alteraciones cromosómicas, no nos permite concluir que la homosexualidad sea un problema de carácter genético. Las búsquedas, hasta el momento, se han hecho entre homosexuales complicados con otros síntomas. Y, a fin de cuentas, aunque se dieran estas variaciones cromosómicas en ciertos homosexuales, hay un sinnúmero enorme en los que no se dan.»[2] «La mayoría de los homosexuales no presentan ningún problema hormonal. La castración no produce la inversión sexual ni tampoco la inyección de hormonas femeninas en el varón o viceversa. Es más, en ciertos casos la inyección de hormonas masculinas en el varón ha aumentado su homosexualidad al aumentar su impulso sexual.»[3]

Aunque los médicos y científicos continúan investigando la posibilidad de una causa genética, muchos homosexuales actuales rechazan esta teoría por considerar que: les tacha de seres defectuosos, como si fuesen el producto de un accidente biológico; representa una condenación implícita de la homosexualidad; y los coloca en una situación delicada si la ciencia descubre una manera de alterar su orientación homosexual hacia la heterosexualidad. ¿Querrán aceptar la cura? Por estos motivos, muchos homosexuales prefieren argumentar que su inclinación sexual es el resultado de una elección consciente y voluntaria. Una política feminista en España expresó este sentir en una entrevista que concedió.[4]

—¿Qué es ser lesbiana?

—Sentir deseo sexual por personas del mismo sexo.

—¿Nada más?

—Nada menos.

—¿Ser lesbiana se debe a algo?

—En la consideración generalizada de los hombres, las mujeres que amamos a mujeres, las lesbianas, lo somos porque, en el fondo, o hemos tenido unas relaciones heterosexuales frustrantes, o porque no ha habido un hombre que de verdad haya sabido hacernos gozar. Es decir, que no se acepta que una mujer, sin más, ame a otra mujer.

—O sea, para no darle más vueltas: se es lesbiana porque sí.

—Exactamente. Igual que se es heterosexual. (...) Las lesbianas que hemos llegado a asumir de manera satisfactoria nuestra sexualidad somos gente enormemente feliz. A pesar de las dificultades.

—Para muchas lesbianas, el elegir la homosexualidad como su inclinación sexual «era tanto una declaración feminista como una elección sexual. Por tanto, toda la discusión en cuanto al origen de la homosexualidad no les interesa».[5]

Aun en el caso de que la ciencia descubriese que ciertas imperfecciones físicas pueden predisponer a una persona para la homosexualidad, no significaría que de forma obligatoria tendría que cometer actos homosexuales. Encontrar más atractiva la homosexualidad no obliga a la persona a cometer actos homosexuales. Mientras que los deseos sexuales son poderosos, no son ajenos a nuestro control, ni determinan, por sí solos, nuestro comportamiento.

Problemas familiares

Los psicólogos, los profesionales más capacitados para evaluar esta hipótesis, afirman que los problemas familiares son un campo de cultivo muy importante de la homosexualidad: un padre tirano; padres obsesionados por tener un hijo del sexo opuesto; padres que tienen mucho éxito en su empleo; padres violentos; y padres que se llevan mal.

Pero el problema familiar que más predispone a una persona a elegir la homosexualidad es el cambio de papeles por parte de los padres. El marido adopta una postura pasiva, abdicando su posición de líder a favor de su esposa, la cual suele caracterizarse por: opiniones muy fuertes, rígidas y fijas; una actitud muy posesiva en cuanto a sus hijos, casi asfixiándoles con su «amor»; y una predisposición a mandar y manipular a sus hijos, especialmente a los hijos varones.

Las investigaciones han mostrado, una y otra vez, que una relación pobre con un padre distante y una madre extremadamente posesiva y dominante, podría causar la homosexualidad en los varones.[6] Al crecer, el niño busca de manera inconsciente un modelo masculino a seguir ya que Dios ha puesto dentro de su ser la capacidad y la inclinación de dirigir una familia (Gn. 3:16; 1 Co. 11:3). Sin embargo, no es su padre quien manda en casa, sino su madre. El resultado es que el niño no se encuentra cómodo con las mujeres; ni siquiera ha podido establecer una relación sana con la primera mujer de su vida, su propia madre. Se siente confuso en cuanto a su propia sexualidad. Sobre la marcha se relaciona más con los hombres al encontrarse más a gusto con ellos. Y cuando se despierta su deseo sexual, busca satisfacerlo con otros hombres.

Degradación progresiva

El homosexual que lo es por problemas familiares ha adquirido su inclinación sexual de forma inconsciente e involuntaria, mientras que otros homosexuales lo son al elegir voluntaria y conscientemente dicha inclinación. Sin embargo, el grado de participación voluntaria puede variar según el caso. Los casos que se citan a continuación están ordenados partiendo de una elección menos consciente o voluntaria de parte del homosexual, acompañada de una mayor degradación e influencia por parte de otras personas, llegando hasta un mayor grado de participación voluntaria y degradación por parte de los dos.

1. La influencia de jóvenes mayores. En los barrios bajos y pobres de las ciudades grandes, los jóvenes mayores de las pandillas inician a los más jóvenes en la práctica de la homosexualidad, a veces antes que se despierte en ellos un interés por el sexo. Este es el caso de Génesis 19:4, donde todos los varones de la ciudad de Sodoma rodearon la casa de Lot, «desde el más joven hasta el más viejo».

2. Un trauma sexual. Un acoso sexual, abuso deshonesto, o en el peor de los casos, una violación, deja una huella muy profunda. La mujer que ha sufrido un trauma sexual, sea de niña o de mayor, puede encontrar que es incapaz de cultivar una relación íntima con un hombre o de fiarse de los hombres. Puede llegar a odiar a los hombres en general, y a considerarlos como brutos y animales. En este caso, el nivel de degradación y participación activa en cuanto a la inclinación homosexual de la mujer es mínima. La mujer que ha sufrido un trauma sexual es particularmente susceptible ante el amor tierno que otras mujeres le pueden ofrecer.

3. Cárceles, campos de concentración, escuelas internas, etc. La homosexualidad suele practicarse cuando personas del mismo sexo son encerradas juntas durante mucho tiempo, sin tener mucho o ningún contacto con el sexo opuesto. Sin embargo, una vez fuera de estos entornos, muchas de estas personas vuelven a la heterosexualidad.

4. Relaciones heterosexuales frustradas. Al fracasar en una o más relaciones sentimentales, la mujer abandona el uso natural del hombre y busca el compañerismo de otras mujeres, con quienes tiene la posibilidad de satisfacer sus deseos sexuales sin correr el riesgo de un embarazo.

5. Perversión progresiva. El hombre comienza ligando con las mujeres que encuentra por su camino. Este acto sexual, sin compromiso y sin amor, le dará cierta satisfacción corporal por un tiempo. Pero sobre la marcha llega a aburrirle porque el ser humano es más que un cuerpo. Lo que daba placer sexual antes es ahora algo soso. Por lo tanto, hay que buscar una experiencia sexual cada vez más sensacionalista y excitante. De un ligue ocasional pasa a las orgías sexuales en grupo y de allí a otras prácticas más perversas, como la homosexualidad. Cada acto representa un paso más hacia abajo en la escala de los valores sexuales.

El consenso de los médicos, científicos y psicólogos es que el homosexual no nace, sino que se hace. «No se nace homosexual, como no se nace tampoco heterosexual. Se llega a ser homosexual o heterosexual. Y esto por una cosa muy sencilla. La sexualidad no es una cosa dada o, si se quiere, algo congénito. La sexualidad es un modo de vivir el propio sexo. Este modo se adquiere lo mismo que se adquiere el gusto, mediante la socialización o la educación. Es un problema de aprendizaje y de actitudes.»[7]

Referencias y enseñanza bíblicas

El acto homosexual está claramente prohibido y condenado, tanto en el Antiguo Testamento como en el Nuevo Testamento. Mientras Jesús nunca trató el tema de manera directa, sí confirmó en varias ocasiones la relación heterosexual dentro del matrimonio como la voluntad divina para el hombre y la mujer.

En Romanos 1:26 el apóstol Pablo habla de las mujeres que «cambiaron el uso natural por el que es contra naturaleza». En el versículo 27, al referirse a los hombres que cometen actos semejantes a los de las mujeres, da a entender por su descripción que está hablando de actos homosexuales. «Y de igual modo también los hombres, dejando el uso natural de la mujer, se encendieron en su lascivia unos con otros, cometiendo hechos vergonzosos hombres con hombres.»[8] Lo natural sería desear una relación heterosexual, de acuerdo con la manera en que Dios creó al hombre.

En el contexto de 1 Timoteo 1:10, el apóstol Pablo afirma que la ley fue instituida no para los justos, sino para los *arsenokoitais*, una palabra que se traduce en la Reina-Valera de 1960 como «sodomitas» y por Las Américas como «homosexuales».

Primera de Corintios 6:9 forma parte de una lista de personas que no heredarán el reino de Dios, entre los cuales se encuentran a los *arsenokoitai*, traducido como «los que se echan con varones» (RVR60) y como «homosexuales» (BLA). La exclusión de estas personas del reino de Dios no se debe a la seriedad de los pecados que cometen, sino al hecho de que su práctica de los mismos es una indicación de que no son creyentes (cp. 1 Jn. 3:8).

Levítico 18:22 y 20:13 representan los textos veterotestamentarios que con más claridad condenan el acto homosexual. Deuteronomio 23:17, 18 prohíbe a los israelitas, tanto varones como mujeres, que participen en los actos homosexuales que formaban parte de los ritos religiosos de los cananeos. Primero de Reyes 14:24; 15:12; y 22:46 describen como varios reyes eliminaron los templos donde los mismos israelitas, quienes habían adoptado las costumbres de los cananeos, cometían actos homosexuales. Segundo de Reyes 23:7 habla de las casas de prostitución religiosa donde se celebraban actos homosexuales.

Jueces 19:16-30 representa otra referencia bíblica a la homosexualidad, parecida a Génesis 19:4-8, donde el sentir del pasaje condena con claridad los actos homosexuales.

Los homosexuales y religiosos de tendencia liberal interpretan estos mismos textos para favorecer la homosexualidad como una inclinación sexual legítima. Por ejemplo, algunos reducen el texto de Romanos 1 a una condenación de los heterosexuales que cometen actos homosexuales porque la homosexualidad no es «natural» para ellos. Argumentan que este texto no condena al homosexual moderno puesto que hace lo que es natural para él. Otros interpretan la palabra «natural» para significar lo que es una costumbre según la sociedad en la que se encuentra. Afirman que la conducta homosexual era natural y aceptada por la sociedad griega; pero no era natural para Pablo y la sociedad judía.

Dicen que *arsenokoitai*, palabra que se usa en 1 Corintios 6:9 y 1 Timoteo 1:10, no tiene una traducción clara, pero que probablemente se refiere a un hombre dedicado a la corrupción, la prostitución o la pederastia, el acto sexual con un niño adolescente por parte de un adulto de clase alta. Por lo tanto, estos textos no se refieren a la homosexualidad.

Sugieren que Levítico 18:22; 20:13 y Deuteronomio 23:18 condenan la participación de los israelitas en los cultos religiosos paganos de los cananeos, no la relación de amor entre dos homosexuales del siglo actual. Además, «la prohibición de la sodomización entre los judíos, simplemente reflejaba la necesidad de mantener sus costumbres incontaminadas como manera de reafirmar su identidad como pueblo».[9]

Argumentan que Génesis 19 representa la descripción de un intento de violación a escala de pandilla. Por lo tanto, no tiene ninguna aplicación a una relación homosexual actual en la que existen el amor y el compromiso. Otros incluso rechazan la existencia de la homosexualidad en Génesis 19, puesto que Ezequiel 16:49, 50 al hablar del pecado de Sodoma, condena a la ciudad por su arrogancia y falta de hospitalidad para con los pobres, sin hacer ninguna mención de la homosexualidad.

Y otros, sobre la base de una interpretación ingeniosa de la palabra «natural» (Ro. 1:26, 27), encuentran otro motivo para aprobar la homosexualidad. «Que los sodomitas actuaban *contra naturam* es algo que hay que entender de otra manera, según MacNeill. Los sodomitas querían violar a unos seres que eran de una naturaleza distinta a la humana, y en ese sentido, actuaban *contra naturam*. Además, es impensable que absolutamente todos los hombres de Sodoma, que según el narrador del Antiguo Testamento rodeaban la casa de Lot, fueran homosexuales. La mayoría, arguye MacNeill, eran sin duda heterosexuales que querían experimentar con algo que iba "contra su naturaleza" en cuanto que heterosexuales. De este modo, MacNeill introduce la idea de que la conducta homosexual es lo natural para el homosexual, del mismo modo que la conducta heterosexual es lo natural para el heterosexual.»[10]

Todas estas interpretaciones violan una exégesis literal, natural y normal de las Escrituras. El acto homosexual es consecuente y rotundamente condenado en ellas, sin ninguna mención de excepciones o circunstancias que lo legitimicen. «Existen solamente dos maneras de neutralizar el testimonio bíblico en contra del comportamiento homosexual: malinterpretar las Escrituras de forma descarada, o minar la autoridad de las Escrituras al alejarse de una posición firme y elevada en cuanto a las mismas.»[11]

ES POSIBLE LIBRARSE DE LA HOMOSEXUALIDAD

¿Puede un homosexual librarse del estilo de vida sexual que ha elegido? ¿Hay que ser creyente para volver a una vida heterosexual?

Hay un número creciente de médicos, psicólogos y sexólogos no creyentes que insisten en que la homosexualidad tiene cura. En 1979 los sexólogos Masters y Johnson corroboraron esta posibilidad en su libro *Homosexuality In Perspective*. «Entre 1968 y 1977 los investigadores trataron por varios problemas sexuales a 151 homosexuales, incluyendo a 54 hombres y 13 mujeres que querían convertirse o revertirse a la heterosexualidad. Masters y Johnson no citan un porcentaje de éxito para tales conversiones, sino sólo un por ciento conocido de fracaso. Ese porcentaje de fracaso se encuentra en la actualidad en el 35% y no se espera que supere el 45% cuando todos los trabajos de seguimiento se hayan terminado. Para los terapeutas profesionales, muchos de los cuales creen que tales conversiones son raras o imposibles, este hecho probablemente será la estadística más sorprendente del libro. Significaría que un cambio permanente, o por lo menos a largo plazo, a la heterosexualidad es posible, en más de la mitad de los casos entre los *gays* que están altamente motivados a hacer el cambio.»[12]

Reed Irvine, el presidente de una organización que vela por la honestidad de los medios de comunicación estadounidenses, los critica precisamente por su trato tan favorable al movimiento *gay*, en vez de llamar la atención a las muchas investigaciones que demuestran que la homosexualidad tiene cura. «Los medios de comunicación no han dado ninguna atención en absoluto a los muchos homosexuales que han vuelto a un comportamiento heterosexual. Yo creo que estamos enviando un mensaje equivocado a los homosexuales de que no pueden cambiar porque su inclinación sexual es algo que sus genes han determinado.» Aun los homosexuales admiten que Irvine tiene parte de razón. La homosexualidad no es algo meramente programado, sino que es una expresión compleja de valores y personalidad.[13]

Una de las expresiones de la imagen de Dios en el hombre es la capacidad de pensar y tomar decisiones, la cual está presente tanto en el no creyente como en el creyente. Las estadísticas indican que más de un homosexual, al observar todas las desventajas y peligros de su estilo de vida sexual, lo ha dejado. Por lo tanto, decir que el no creyente es incapaz de abandonar su adulterio, su fornicación, su homosexualidad, etc., no es cierto. Muchos no creyentes dejan ciertos pecados al sufrir sus consecuencias, o al darse cuenta del sentido común implícito en las leyes divinas. Así es la capacidad de la volición humana.

La enorme ventaja que tiene el discípulo de Cristo sobre el no creyente es que el Espíritu Santo renueva de manera progresiva su mente, dándole una base intelectual de acuerdo con la verdad para sus decisiones, además de la motivación y poder para tomar decisiones correctas.

Las Escrituras no sólo condenan actos homosexuales, sino que también ofrecen la esperanza de librarse de ellos. En 1 Corintios 6:9, 10, el apóstol Pablo cita varios pecados, entre los cuales se encuentra la homosexualidad. Al final de la lista añade la frase, «y esto erais algunos» (v. 11), dando a entender que entre los corintios se encontraban exhomosexuales, personas que llegaron a librarse de ese pecado por la gracia de Dios. Hay creyentes que se han librado de un comportamiento homosexual. No les ha sido fácil ni automático, ni se han librado todos de tal forma que vivan felizmente como cualquier heterosexual. Pero ¡se han librado!

Si es posible librarse de la homosexualidad, ¿cuáles son los pasos a seguir?

1. Aceptar intelectualmente la enseñanza bíblica en cuanto a la homosexualidad. Es imprescindible que el homosexual se ponga de acuerdo con la opinión divina en cuanto a su pecado si piensa librarse de él.

La mente juega un papel muy importante en la creación de los deseos y apetitos sexuales, que representan emociones en esencia. Las emociones son como una computadora; se pueden programar. Las emociones son controladas o programadas por la mente. Al admitir en el intelecto premisas falsas en cuanto al sexo, sea de forma consciente o inconsciente, el homosexual, igual que el heterosexual que fornica o adultera, programa sus emociones para encontrar algo atractivo en la homosexualidad, aunque no le convenga, le pueda hacer mucho daño y represente una actividad prohibida por Dios.

El homosexual ha de trabajar tanto en su mente como en sus emociones. Puesto que la mente controla las emociones, el primer paso en crear o recuperar una inclinación heterosexual es cultivar la renovación de su mente (Ro. 12:1, 2; Ef. 4:22, 23), mediante una inmersión profunda y prolongada en las verdades bíblicas sobre el propósito divino para el sexo. Hablaremos de una renovación de las emociones en el quinto paso que se cita más abajo.

2. *Obedecer al Espíritu Santo y contar con su ayuda.* La versión de Reina-Valera de 1960 traduce las dos frases de Gálatas 5:16 como mandamientos. «*Andad* en el Espíritu, y *no satisfagáis* los deseos de la carne.» La versión Biblia de las Américas es más precisa, traduciendo la primera frase como un mandamiento y la segunda como una consecuencia lógica de la primera. «*Andad* por el Espíritu, y no *cumpliréis* el deseo de la carne.» La consecuencia lógica de obedecer al Espíritu Santo es que el hombre no caerá ante la tentación sexual. No basta con dejar prácticas homosexuales; es necesario asumir otras acciones. Hablaremos de estos actos en el quinto paso citado abajo.

3. *Entender los factores que han influido en la elección de la homosexualidad como inclinación sexual.* Si la elección de la homosexualidad ha sido consciente y totalmente voluntaria, no hay nada que entender. Lo que hace falta es arrepentirse de una rebeldía tan descarada. Si, por el contrario, la elección de la homosexualidad ha contado con una participación voluntaria mínima, el entender los factores que lo han empujado hacia esa inclinación sexual ayudará al homosexual a verse como una persona normal, vulnerable como todos los demás ante el daño que los pecados de otras personas le pueden hacer.

Hay dos trampas que han de evitarse en este paso. En primer lugar, enredarse en un estudio de los factores hasta tal punto que la persona no siga los demás pasos para librarse de su pecado. Y en segundo lugar, culpar a los demás por su elección de la homosexualidad. Mientras los pecados de los demás nos pueden inducir a pecar, también es verdad que tomamos una decisión en un momento determinado, de forma libre y consciente, de permitir que los pecados de los demás nos influyan. Nosotros somos responsables de nuestros actos, no los demás.

4. Distinguir entre una inclinación homosexual y los actos homosexuales. Pablo habla en 1 Corintios 6:11 de la libertad que algunos corintios habían conseguido en cuanto a su vida homosexual anterior. Cómo mínimo, ya no cometían actos homosexuales. ¿Hemos de entender que, a partir de su conversión, tampoco tenían deseos, ganas, ni inclinaciones homosexuales?

La conversión no elimina la naturaleza pecaminosa, ni quita necesariamente ninguno de sus impulsos, deseos o inclinaciones. Por lo tanto, es normal que la persona que ha sembrado antes de convertirse las semillas del adulterio, la fornicación o la homosexualidad, sea tentado después como creyente a adulterar, a fornicar y a cometer actos homosexuales, apetitos sexuales que él mismo cultivó en su vida anterior. Mientras que Dios es capaz de eliminar cualquier apetito pecaminoso de un «plumazo», no es su forma habitual de santificar al creyente. La vida cristiana no es tan simplista. La santificación se obtiene con mucho trabajo y esfuerzo personal, poco a poco, no de forma instantánea ni milagrosa.

Es importante recordar que la tentación a pecar no es pecado, sino el ceder a la tentación. La inclinación hacia la homosexualidad no es pecado, sino el cometer actos homosexuales.

5. Adoptar acciones heterosexuales. El creyente que tiene una inclinación hacia la homosexualidad puede aceptar intelectualmente el acto homosexual como pecado (primer paso citado arriba), experimentando una renovación progresiva de su mente, pero seguir sintiendo cierto atractivo por una relación homosexual.

En este quinto paso en la creación o recuperación de una inclinación heterosexual, subrayamos el papel de las acciones (cuerpo) en la tarea de programar de nuevo las emociones, la sede de nuestras inclinaciones sexuales. Una persona puede crear o recuperar emociones que no siente al hacer lo que haría si las tuviese. Al relacionarse con personas del sexo opuesto, haciendo lo que no siente emocionalmente, pero que sí haría si tuviese una orientación heterosexual, el homosexual puede experimentar un cambio paulatino en sus emociones. Aunque es probable que nunca se libre del todo de su inclinación homosexual, encontrará que

la tentación a cometer actos homosexuales será cada vez menos frecuente y menos fuerte. Se entiende que el creyente con una inclinación homosexual, debería ser lo suficientemente honesto consigo mismo como para evitar cualquier ambiente homosexual.

Es posible que las emociones heterosexuales nunca surjan y que el homosexual tenga que reconocer que su propio pecado, y posiblemente el pecado de los demás, han sido capaces de robarle la posibilidad de una cura en este lado de la eternidad. «Aunque Dios es totalmente justo, nunca nos prometió una justicia según las expectativas y normas humanas. Somos salvos por la gracia, pero en la carrera de la que habla Pablo de proseguir hacia la meta del supremo llamamiento de Dios en Cristo Jesús, algunos de nosotros comenzamos bastante retrasados en el pelotón en comparación con otros. Pero eso no hace que las metas que Dios ordena sean ilegítimas u opcionales. Mientras un ideal, el matrimonio heterosexual, no es una opción para el creyente homosexual sin una dosis grande de sanidad divina, el otro ideal, el celibato con abstinencia, es accesible y representa otra opción. Y ese ideal de celibato con abstinencia ofrece la posibilidad de una integridad verdadera y bella, como los modelos que Jesús, Pablo y otros santos mostraron. El hecho de que tal celibato sea difícil para personas que sean homosexuales es de poca consecuencia moral, ya que también es difícil para heterosexuales.»[14]

UNA ACTITUD BÍBLICA ANTE EL HOMOSEXUAL Y LA HOMOSEXUALIDAD

Muchos miembros de la comunidad *gay*, frustrados y enfadados debido al rechazo de su inclinación sexual por varios sectores de la sociedad, acaban cometiendo dos errores. En primer lugar, entienden la tolerancia silenciosa de los demás como una aprobación de su inclinación sexual, cuando en realidad muchos de éstos rechazan la homosexualidad como una opción legítima. En segundo lugar, atacan a quienes vocalizan su oposición a la homosexualidad y los tachan de intolerantes y prejuiciados.

El creyente no tiene la prerrogativa de cambiar o bajar el listón de la ética cristiana sencillamente porque alguien lo vaya a atacar, ni de permanecer en silencio cuando la Biblia habla con tanta claridad del acto homosexual. Pero a la vez, el creyente ha de amar al homosexual con un amor genuino. El homosexual tendrá grandes dificultades para aceptar y entender que un creyente le ama como persona, mientras condena su pecado. La razón se debe a que está de moda relacionar la identidad de una persona con su inclinación sexual.

Lo que la Biblia trata como un *acto* aislado que merece condena, a saber, personas del mismo sexo realizando el acto sexual, nuestra sociedad lo trata como un elemento fundamental de *identidad* personal. Con este punto de vista, éstas no son personas que participan en ciertos actos o que tienen ciertas inclinaciones, sino que *son* homosexuales, gays y lesbianas. Sus inclinaciones sexuales definen a un nivel profundo quiénes son. Si un deseo sexual define a una persona, entonces, el llevar a cabo ese deseo en la forma de actos concretos es esencial para una identidad personal. Si aceptamos esta lógica, entonces el sugerir que Dios no quiere que participen en actos homosexuales equivale a insultar y ofender su identidad personal.[15] Al insistir en relacionar su identidad como persona con su inclinación sexual, el homosexual en efecto culpa a Dios por dicha identidad. Al lanzar la responsabilidad por su identidad sobre el tejado de Dios, en efecto abdica su libertad de elección. «Soy lo que soy porque así soy.»

El creyente se niega a definir a una persona por su inclinación sexual, lo cual le permite amar al homosexual mientras que condena su pecado. El homosexual insistirá en que la condenación de sus actos representa una condenación de su identidad como persona. O sea: «Si condenas mi práctica homosexual, no me aceptas ni me amas.» Sin embargo, el creyente no debería dejar de amar al homosexual con un amor genuino. La compasión, la comprensión y el amor hacia él no significan en absoluto que el creyente apruebe su estilo de vida sexual, de la misma forma que no aprueba la infidelidad de un adúltero.

El creyente ha de hacer una distinción muy clara entre el acto homosexual, que es elegido de forma voluntaria, y los deseos homosexuales, los que en muchas ocasiones no han sido elegidos ni cultivados de manera consciente por la persona. Es importante que los creyentes sepan amar al homosexual, y que sepan relacionarse con los que se convierten porque su liberación dependerá en gran parte de la posibilidad de relacionarse con otros creyentes en la comunión de los santos. Nadie se santifica aislado de los demás creyentes.

NOTAS

1. Véase Henry III, William A. «Born Gay?», *Time* (26 de julio de 1993), p. 39; Jones, Stanton L. «The Loving Opposition», *Christianity Today* (19 de julio de 1993), p. 23.
2. Amezua, Efigenio. «La homosexualidad masculina», *Convivencia III* (Sedmay Ediciones, Madrid), p. 12.
3. Cortés, Higinio, y Martínez Vila, Pablo. «La homosexualidad, ¿superación o desviación?», *Panorama Evangélico* (febrero de 1978), p. 4.
4. «Empar Pineda feliz con su lesbianismo», *El Periódico de Catalunya* (25 de mayo de 1985).
5. Gelman, David. «Born or Bred?», *Time* (24 de febrero de 1992), p. 48.
6. *Ibid.*, p. 53.
7. Amezua, *op. cit.*, p. 75.
8. En la versión de Reina-Valera de 1960, 2 Timoteo 3:3 emplea las palabras «sin afecto natural», que podrían entenderse como una referencia a

la homosexualidad. La versión de la Biblia de las Américas traduce este texto con las palabras «sin amor». Por considerar a Las Américas una versión más fidedigna, no incluimos textos como 2 Timoteo 3:3 en nuestra lista de pasajes que hablan claramente de la homosexualidad.

9. Brasas, Juan A. Herrero. «La sociedad gay: Una invisible minoría», *Claves de razón práctica* (No. 37, noviembre de 1993), p. 34.

10. *Ibid.*

11. Jones, Stanton L. «The Loving Opposition», *Christianity Today* (19 de julio de 1993), p. 20.

12. «Masters and Johnson on Homosexuality», *Time* (23 de abril de 1979), pp. 61, 62.

13. Henry III, *op. cit.*, p. 41.

14. Jones, *op. cit.*, p. 23.

15. *Ibid.*, p. 24.

CAPÍTULO 19

El sexo prematrimonial y extraconyugal

~~∞~~

Eﾠl creyente se enfrenta constantemente con posturas que retan de forma abierta la enseñanza bíblica en cuanto al sexo, tales como la respuesta que se dio a una joven que escribió a una revista preguntando: «Soy una chica que hasta el año pasado siempre pensé que hasta enamorarme de verdad no haría el amor con ningún chico, pero tuve una tentación y me acosté con uno sin sentir nada por él. Ahora salgo con un chico del que creo estar enamorada y me siento muy mal al recordar lo que hice, pues me hace sentir sucia. ¿Cómo puedo evitar esto?»

La respuesta que se le dio a esta joven fue: «Sentirse "sucia" emocionalmente por haber tenido relaciones sexuales tiene que ver con los prejuicios culturales. Estos sentimientos no son naturales ni sanos, pues estos valores morales acerca de la sexualidad van cambiando con el paso del tiempo. Lo que antes se consideraba una obscenidad, actualmente es algo aceptado por la mayoría de personas. Por ejemplo, al hombre nunca se le ha exigido que permaneciera virgen hasta el matrimonio, mientras que para la mujer era un deber moral. Con la igualdad de sexos, esto ya no es así. Reflexiona: ¿Dejarías de amar a tu novio porque antes haya estado con otras mujeres? Lo que en realidad importa es tu honestidad como persona, tus sentimientos, el respeto que te tienes a ti misma y a tu novio. No hay nada de malo en lo que hiciste, sólo fue una experiencia.»

Citar textos bíblicos para probar que se debería reservar el acto sexual para el matrimonio, ante alguien que no acepta las Escrituras como Palabra de Dios, es en muchos casos una pérdida de tiempo. No es que dudemos del poder de la Biblia, sino que el no creyente no admite las

Escrituras como la autoridad final en cuanto a su creencia y práctica sexual. Por lo tanto, tal vez sea mejor comenzar con otros argumentos.

Los mandamientos bíblicos en cuanto al sexo no son arbitrarios ni caprichosos, sino que reflejan a la perfección la naturaleza y las necesidades del ser humano y la forma en la que Dios pretende que el sexo supla esas necesidades. Existe un sentido común en los mandamientos divinos. Muchos no creyentes, aunque no aceptan los mandamientos bíblicos por su procedencia divina, sí los obedecen basándose en el valor que tienen para ellos como individuos y para la sociedad en general.

En las respuestas a los típicos argumentos a favor del sexo fuera del matrimonio que se citan a continuación, se emplearán un mínimo de argumentos puramente bíblicos y un máximo basados en el sentido común. Este acercamiento exige de los que rechazan las enseñanzas bíblicas que demuestren por qué su posición tiene más razón que la del sentido común. Los títulos representan los argumentos típicos favorables al sexo fuera del matrimonio.

SE DICE: «EL SEXO ES LO MÁS IMPORTANTE EN LA VIDA.»

1. El amor es mucho más importante que el sexo. La necesidad más grande del ser humano no es el sexo, sino el compañerismo de una sola persona. El amor, la comprensión y la unión entre dos personas, son las cosas que dan sentido al acto sexual. El sexo no las produce, sino que sirve como la expresión más íntima y preciosa de esa unidad y compañerismo. El amor es el fundamento de cualquier relación sexual satisfactoria.

2. Cuando el sexo se convierte en un fin en sí mismo, llega a ser algo aburrido. Mucha de la literatura secular que en años pasados promovía el libertinaje, ahora reconoce que cuando el sexo ocupa el primer lugar en la vida de una persona, deja de satisfacerle plenamente.

Elevado al lugar de un dios, el placer sexual llama a la pareja a un menú interminable de variaciones sexuales. Sin embargo, con frecuencia la deja inquieta y aburrida a pesar de su «vida sexual buena». El *gourmet* sexual proveerá muchas sensaciones excepcionales, pero dejará a la pareja insatisfecha. La persona que oye el llamado de Dios nunca acaba insatisfecho. La sexualidad fue creada como el comienzo de algo, no el final.[1]

SE DICE: «CUANDO EL SEXO FUERA DEL MATRIMONIO VA ACOMPAÑADO POR EL AMOR Y A NADIE LE HACE DAÑO, ENTONCES ES BUENO Y ACEPTABLE.»

1. Este argumento subraya la importancia de los motivos internos a expensas de los actos externos. Los fariseos del Nuevo Testamento hacían lo contrario: hacían énfasis en la importancia de los actos externos a expensas de los motivos internos. Este argumento representa el fariseísmo a la inversa. Tanto los actos como los motivos son importantes. Cuando los motivos internos tienen preferencia sobre los actos externos, caemos en el anarquismo moral; cada persona se convierte en una ley para sí misma. Cuando los actos externos tienen preferencia sobre los motivos internos, se produce el legalismo.

Mientras la distinción entre los valores y el comportamiento es con frecuencia de mucha ayuda en el área de la ética sexual, a veces no es otra cosa que una cortina de humo para esconder el libertinaje. Jesús nos enseñó con sumo cuidado el significado moral de las intenciones, pero habló tanto del comportamiento como de los valores. En la cuestión del comportamiento sexual, tal vez las buenas intenciones no sean suficientes.[2]

2. *Este argumento se basa en la falsa premisa de que cada persona sabe qué es lo mejor en cada situación, que elegirá lo correcto, que siempre actuará de acuerdo con las necesidades de su amante, y no fundamentándose en su propio egoísmo*. Esta premisa contradice Romanos 3:10-18, 23 y Gálatas 5:19-21. La naturaleza pecaminosa no es fiable, ni siquiera en las personas más éticas.

3. *Se sobrestima la capacidad del amor para definir qué es lo correcto*. El amor es un motivo, no un diccionario. El amor no nos explica la naturaleza de nuestras obligaciones. «*El sexo con amor* no es un estándar moral, sino un *eslogan* ambiguo.»[3] Cuando una persona puede decidir por sí misma cómo se porta el amor, entonces nos encontramos ante un gran peligro. ¿Cómo definirá el amor cuando se encuentra en un momento de pasión desenfrenada?

Por eso, las descripciones bíblicas del amor siempre están acompañadas de mandamientos, preceptos e imperativos morales. La Biblia describe cómo debería comportarse el amor y no concede al lector el derecho de decidir por sí mismo qué es y cómo actúa. Cada vez que la Biblia describe el uso correcto del amor sexual, lo hace en el marco del matrimonio.

4. *La proliferación de las enfermedades venéreas contraídas a través de las relaciones sexuales fuera del matrimonio desacreditan por completo el concepto de «no hacer daño a nadie»*. Los resultados de las enfermedades venéreas son: el deterioro del sistema nervioso; complicaciones cardiacas y otras enfermedades relacionadas con el corazón; la locura; la parálisis; deformidades en uno mismo o en los recién nacidos de aquellos padres que padecen de las mismas; la ceguera; la sordera; la muerte.

En un artículo titulado, «Alarma en occidente por el aumento de las infecciones sexuales», unos «2.500 especialistas internacionales reunidos en París, después de ocuparse del síndrome de inmunodeficiencia adquirida (SIDA), participaron en el segundo congreso mundial sobre enfermedades sexualmente transmisibles que patrocina la Organización Mundial de la Salud. Aunque no existe de momento ningún estudio epidemiológico general capaz de avanzar cifras precisas a nivel mundial, las estadísticas locales señalan un aumento espectacular de enfermedades venéreas como el herpes, la clamidia, la gonorrea, la sífilis y el papilomavirus. Las complicaciones posteriores son: esterilidad masculina y femenina, abortos espontáneos, embarazos extrauterinos e infecciones transmisibles al feto. Los especialistas consideran que cerca del 70% de los casos de esterilidad en los países occidentales son consecuencia de una infección genital crónica, a veces ignorada por los propios pacientes. Estas enfermedades afectan a hombres y a mujeres cada vez más jóvenes.»[4]

Puesto que los gobiernos mundiales no pueden eliminar la promiscuidad de sus ciudadanos, ni la mayoría de los políticos tienen la autoridad moral suficiente para promover la abstinencia, están condenados a optar por soluciones inferiores. Este es el caso de los preservativos y la famosa campaña en España en 1993, «Póntelo, pónselo». Sin embargo, se ha comprobado que el preservativo no protege al usuario entre un 10 y un 15% de las veces que se emplea. Un uso incorrecto del mismo es probablemente la razón principal por la cual entre un 18% y un 20% de las jóvenes solteras que mantienen relaciones sexuales quedan embarazadas.[5] Pero su ineficacia no se limita al empleo incorrecto por parte del usuario. El 4% de los preservativos se rompen y el 2% gotean.

Mientras que los preservativos ofrecen una seguridad bastante alta contra los embarazos no deseados, siempre y cuando se empleen de manera correcta, son sumamente inadecuados como protección contra el SIDA. El hecho de que los gobiernos promueven el uso del preservativo para intentar frenar el contagio del SIDA no debería hacernos concluir que es un método adecuado. Lo que sucede es que los gobiernos son incapaces de eliminar prácticas homosexuales y buscan cualquier cosa que evite las consecuencias de tales actos. El material es poroso en menor o mayor grado. Según C. M. Roberts, editor de la revista «Rubber Chemistry and Technology», la goma de la que se hacen los preservativos de látex tiene poros que miden 5 micrones. Sin embargo, el virus del SIDA mide solamente 0,1 micrón, lo que significa que 50 virus pueden marchar hombro con hombro por un poro de látex. Un espermatozoide es 500 veces más grande que el virus del SIDA. Por lo tanto, usado de forma de correcta, el preservativo ofrece bastante protección contra embarazos no deseados. Pero como protección contra el SIDA, el preservativo es inadecuado por completo.[6]

El único método seguro de evitar las enfermedades de transmisión sexual es la abstinencia, esperar hasta la noche de bodas y el coito con una sola persona no infectada que sea fiel mientras dure el matrimonio.

SE DICE: «EL SEXO FUERA DEL MATRIMONIO ES NECESARIO PARA COMPROBAR SI LA PAREJA ES SEXUALMENTE COMPATIBLE.»

Cada persona tiene un nivel propio de deseo sexual. Es decir, hay quienes desean el sexo más que otros. Mientras que esta diferencia representa un problema a resolver, las relaciones prematrimoniales o extraconyugales no son una solución viable por las siguientes razones:

1. No existe la incompatibilidad sexual. Los médicos y los psicólogos insisten en que la incompatibilidad sexual no existe. En la gran mayoría de los casos, la verdadera raíz de los problemas sexuales en el matrimonio se encuentra en una incompatibilidad emocional e interpersonal entre los cónyuges que afecta su relación sexual.

2. No se puede comprobar la llamada compatibilidad sexual en unas cuantas sesiones. El sexo es una dádiva divina tan excepcional, que la compatibilidad sexual no se consigue en «tres lecciones fáciles». El sexo es tan maravilloso y el cuerpo humano tan complejo, que a todos los cónyuges les cuesta tiempo descubrir cuáles son sus propios gustos y los de su pareja. Luego, descubrirán que sus gustos cambian con el tiempo, ya sea por la edad o por otros motivos justificados.

Por eso, se equivoca en gran manera la novia que quiere que su novio tenga alguna experiencia sexual antes de la noche de bodas, para que su primera experiencia sexual con él sea un éxito. Dado lo maravilloso y complejo que es el cuerpo humano y el don del sexo, es aconsejable que los novios no esperen otra cosa que el «fracaso» en su noche de bodas.

3. Las diferencias en el deseo sexual tienen solución. La diferencia de deseo sexual entre los cónyuges no es, ni tiene que ser, un problema que impida una vida sexual satisfactoria. En realidad, habrá momentos determinados en que el cónyuge que tiene más ganas sexuales tendrá menos que su pareja. Para resolver esta diferencia, cada cónyuge debería: aceptar esta diferencia de deseo sexual como legítima, normal y común en todas las parejas en menor o mayor grado; cumplir con su deber conyugal de satisfacer a su pareja, tenga o no ganas sexuales en ese momento; no exigir que su pareja sienta las ganas sexuales que no tiene; y comunicar abierta y claramente a su cónyuge cuáles son sus necesidades y gustos sexuales.

4. Al intentar comprobar antes *del matrimonio si existe una compatibilidad sexual, la pareja perjudica, y en algunos casos elimina, precisamente lo que pretende garantizar: una vida sexual satisfactoria* después *de la boda.* Uno de los distintivos del movimiento *hippy* de la década de los años 60 era su práctica de mantener relaciones sexuales con muchas personas sin casarse con ninguna. Una vez que ese estilo de vida perdió su atractivo, los psicólogos descubrieron que los participantes en ese movimiento, ahora adultos, carecían de apetito sexual en sus respectivos matrimonios.

Según algunos sociólogos, el desorden sexual que comenzó entre los jóvenes a principios de la década de los años 60, entró en decadencia hace ya años. Alexis Rabourn, terapeuta de San Francisco, California, dice que muchos de los que abrazaron la moda se dieron cuenta de que el «estar desinhibidos sexualmente no los hacía tan felices». Algunos se sentían humillados después de acostarse con gente que nunca volverían a ver. Para otros, la Revolución sexual llegó a significar, al final, el aburrimiento. Algunos, camino de tener 40 años, sencillamente se asentaron y buscaron la satisfacción en sus carreras profesionales y en la vida familiar.[7] La terapeuta sexual, Shirley Zussman, dice que sus pacientes que en el pasado mantenían relaciones sexuales que no iban acompañadas por un compromiso, ahora se quejan de que sus relaciones actuales carecen de satisfacción plena. «Formar parte de una carnicería es traumático en cuanto a la propia autoestima de una persona. El temer tanto la soledad como la intimidad, son la reacción pendular del amor libre que fue promovido durante la revolución sexual de las décadas de los años 60 y 70.»[8]

Para los sexólogos de hoy, la nueva frontera a conquistar es el deseo sexual inhibido. Este problema representa de un 30% a un 50% de los casos que tratan. «No esperábamos encontrar problemas de estimulación sexual durante la mitad de los años 70 —dice el terapeuta Stephen Sloan de Atlanta—. Se daba por sentado que todos desearan el sexo.» Algunos terapeutas, acostumbrados a resolver con éxito de un 75% a un 90% de otras dificultades sexuales, dicen que sólo alcanzan de un 10% a un 30% de éxito al tratar el problema del deseo sexual inhibido. El psicólogo C. A. Tripp argumenta que la estimulación sexual depende directamente de la existencia de obstáculos y barreras. Al bajarse el listón, decae el placer sexual.[9]

Todos estos comentarios por parte de expertos seculares confirman que la unidad de los cónyuges es lo que da sentido al sexo, y esa unidad sólo se logra mediante el compromiso que se encuentra en el matrimonio. Las relaciones prematrimoniales tienden a minar la unidad matrimonial y por consiguiente, una vida sexual satisfactoria. El primer factor es un sentido de culpabilidad por haber tenido relaciones prematrimoniales, aun en el caso de los que sólo mantuvieron relaciones con su futuro cónyuge.

Además, el hombre que ha mantenido relaciones con otras mujeres provoca en su esposa problemas adicionales. En primer lugar, provoca un sentido de inferioridad. Cuando surge un problema sexual en el matrimonio, con frecuencia la esposa llega a la conclusión de que no es tan experta en el sexo como las amantes que tuvo su marido antes de la boda. En segundo lugar, es frecuente que un cónyuge tenga celos de los amantes anteriores de su pareja. El verdadero amor no quiere compartir su cónyuge con nadie. Descubrir que su pareja ha tenido relaciones sexuales con otros antes de la boda no cae bien a ningún cónyuge. A pocos les gusta la mercancía de segunda mano. El verdadero amor quiere que el cónyuge sea virgen antes de la boda. Por último, provoca dudas y sospechas en su pareja en cuanto a la fidelidad sexual del cónyuge después de la boda.

Todos estos problemas, los cuales tienen sus raíces en las relaciones prematrimoniales, hacen que la vida sexual después de la boda no sea satisfactoria.

SE DICE: «ES MÁS DIVERTIDO EL SEXO FUERA DEL MATRIMONIO.»

Es innegable que existe un placer especial en hacer lo prohibido. El sexo fuera del matrimonio es divertido, pero no tanto como algunos sugieren. Hay placer en el pecado a corto plazo (He. 11:23-25); pero a largo plazo cobra un precio demasiado caro.

La verdad es que hay más placer dentro del matrimonio que fuera de él, por la sencilla razón de que cuesta tiempo aprender a amar sexualmente a otra persona. En 1987 aparecieron una serie de artículos sobre la infidelidad en España. Una encuesta hecha a las mujeres incluyó la pregunta: «¿Cómo disfruta más sexualmente: con la pareja o fuera de la pareja?»[10] Las respuestas, según las edades de las personas que contestaron, hablan por sí solas.

	Total %	18-22 años	23-28 años	29-38 años	39-50 años
Con la pareja	65,7	81,9	56,9	62,7	63,3
Con otra persona	18,0	4,1	30,3	16,6	20,7
No contestó	16,3	14,0	12,9	29,7	16,09

Una revista femenina realizó una encuesta sobre la opinión de sus lectoras sobre el sexo. Las 100.000 mujeres que respondieron confirmaron que el sexo dentro del matrimonio siempre es más placentero y satisfactorio. «Considerando la enorme cantidad de literatura publicada al contrario, puede ser difícil de creer que las mujeres que encuentran el sexo dentro del matrimonio menos satisfactorio, representan una clara minoría. La insistencia tan constante con que las mujeres opinan que el sexo es más satisfactorio dentro del matrimonio, es significativa. En realidad, tan constantes son los porcentajes, variando tan poco según si las mujeres han estado casadas de uno a cuatro años, de cinco a diez años, o más de diez años, que parece desafiar la credibilidad. Sin embargo, otros datos confirman esta constancia.»[11]

SE DICE: «HOY DÍA TODO EL MUNDO MANTIENE RELACIONES FUERA DEL MATRIMONIO. LA BIBLIA CONTIENE IDEAS ANTICUADAS Y PASADAS DE MODA.»

1. Este argumento se fundamenta en la falsa premisa de que durante muchos años todos los seres humanos guardaban la norma bíblica de forma general y consecuente; pero encontraron que el reservar el sexo sólo para el matrimonio no dio buenos resultados. Afirman que hoy día somos más civilizados y avanzados, y sabemos mejor lo que nos conviene. ¡No es verdad! Los seres humanos en su mayoría nunca han guardado la ley de Dios. Al contrario, siempre han practicado la promiscuidad.

2. Las estadísticas mienten. Las encuestas y los sondeos de opinión pública se han convertido en una ciencia. Para considerarse legítima, una encuesta ha de incluir un amplio número de personas de diferentes lugares geográficos, edades, niveles culturales, estados civiles y de ambos sexos. Mientras que ciertas encuestas gozan de una seriedad notable, no deja de ser difícil conseguir estadísticas fiables sobre las prácticas sexuales. Siempre habrá un cierto porcentaje de los participantes que: se jactan de hazañas sexuales que nunca han tenido o exageran ciertos elementos de la experiencia que sí han tenido; no dicen toda la verdad por considerar el tema demasiado íntimo; o califican experiencias sexuales amargas como fantásticas, bonitas, aconsejables y recomendables, con tal de reclutar a otros para su postura. Cuantas más personas coloquen en su bando, más justificados se sienten. La miseria anhela compañía.

Las encuestas dan la impresión de que todos mantienen relaciones sexuales fuera del matrimonio y que todos los participantes las aprueban. Pocas encuestas indican cuántos participantes tuvieron una relación sexual prematrimonial o extraconyugal una sola vez, a cuántos de ellos no les gustó la experiencia, ni cuánto dolor y remordimiento les causó después.

Por regla general, los medios de comunicación glorifican a aquellos ídolos y personajes célebres que mantienen relaciones fuera del matrimonio. Un matrimonio bien avenido e íntegro no vende tantos periódicos como el escándalo.

3. Aunque vivimos en un tiempo caracterizado por muchos avances tecnológicos, *la naturaleza humana y las necesidades del alma humana no han cambiado.*

4. La mayoría no siempre tiene la razón. La Biblia enseña que hay absolutos y que todo no es relativo; hay actos que siempre serán malos y cuyo valor moral no cambia con los tiempos. Aun en el caso de que la mayoría mantuviera relaciones sexuales fuera del matrimonio, lo único que demostraría es que esa mayoría no está de acuerdo con el plan divino.

SE DICE: «LA VIDA SEXUAL DE CADA PERSONA ES COSA SUYA; ES UNA CUESTIÓN PRIVADA EN LA QUE NADIE TIENE EL DERECHO DE METERSE.»

Hay actividades de índole tan personal y privada que no perjudican a otras personas, como el pasar las vacaciones en las montañas o en la playa, o el comprar un apartamento en la ciudad en vez de en las afueras de la misma. Pero hay otros actos que sí afectan de forma muy directa a los demás. El sexo prematrimonial y extraconyugal perjudica:

1. *La relación interpersonal de los cónyuges*. Varios estudios han demostrado que las relaciones prematrimoniales no representan un acto aislado, sino que en muchos casos llegan a convertirse en la causa de muchas consecuencias negativas. «Cuantas más relaciones prematrimoniales tiene una persona, más tendencia tendrá a mantener relaciones extraconyugales una vez casado, menos probabilidades habrá de que tenga una relación sexual matrimonial que sea óptima y menos satisfecho estará con su matrimonio. Numerosos estudios a lo largo de los años han demostrado que las personas que cohabitan antes de casarse tienen más tendencia a divorciarse.»[12]

2. *Los hijos*. En las familias donde los padres no se llevan bien, los hijos sufren unas consecuencias desastrosas en cuanto al desarrollo de su carácter, su autoestima y su preparación para enfrentarse con la vida.

La situación es todavía más crítica en el caso de los hijos cuyos padres se divorcian. En su investigación de lo que ocurre a los hijos durante los diez años después del divorcio de sus padres, Judith Wallerstein encontró que cinco años después del divorcio, más del 33% de los niños sufrían una depresión clínica y no se desenvolvían de manera adecuada como personas. Después de diez años, el 35% tenía una relación con su madre y con su padre que se podría calificar como pobre y un 75% se sentían rechazados por su padre (en contraste con su madre). Sorprendentemente, los que sufrieron más daño y por más tiempo, no eran los niños preescolares que parecen tan susceptibles, sino sus hermanos mayores que al principio eligieron no mostrar ninguna señal de perturbación, pero después de diez años tenían miedo de fiarse de otras personas y eran incapaces de formar lazos duraderos, tan necesarios, para construir su propia familia.[13]

3. *La sociedad*. Si un porcentaje sustancial de una sociedad mantiene relaciones fuera del matrimonio, esa sociedad notará un efecto negativo.

La penicilina pudo curar la sífilis (el SIDA de las generaciones anteriores a la nuestra) y la píldora hizo posible mantener relaciones sexuales sin concebir hijos. Ambos promovieron lo que ahora se podría calificar como una ilusión: a saber, que el sexo, gracias a los logros de la medicina, no tenía ningún efecto sobre la sociedad. En una era de millones de abortos, de generaciones múltiples de madres solteras que viven sobre la base de una ayuda económica estatal, de enfermedades de transmisión sexual de proporciones epidémicas, la idea de que el sexo sea una cuestión estrictamente privada es increíble.[14]

¿No es posible vivir y dejar vivir? ¿No es posible dejar que cada persona persiga su propio ideal sexual? Sí, pero sólo hasta cierto punto. La idea de una sociedad llena de individuos autónomos, cada uno eligiendo libremente su propio camino sexual, es un mito de la última parte del siglo xx. Dicha sociedad nunca ha existido y nunca puede existir. Nuestros deseos y expectativas adquieren forma en un ambiente social, y no existe ningún ambiente social neutro.[15]

NOTAS

1. Stafford, *op. cit.,* p. 36.
2. *Ibid.*, p. 27.
3. «The Morals Revolution on the U.S. Campus», *Newsweek* (6 de abril de 1964), p. 59.
4. Capdevila, Montse. *El Periódico* (30 de junio de 1986), p. 19.
5. Véanse Tapia, Andrés. «Abstinence: The Radical Choice for Sex Ed», *Christianity Today* (8 de febrero de 1993), p. 27; Campolo, Tony. «Sex Ed's Failure Rate», *Christianity Today* (8 de febrero de 1993), p. 22; Sidey, Ken. «The Magic Word», *Christianity Today* (13 de enero de 1992), pp. 14-15.
6. *Ibid.*
7. «El miedo al sexo», *El País* (13 de julio de 1986), p. 1 de la sección domingo. Reproducción de secciones de un artículo de Lord, Thornton y Carey en *News and World Report*.
8. Leo, John. «The Revolution Is Over», *Time* (9 de abril de 1984), pp. 74-83.
9. *Ibid.*, p. 83.
10. *Tiempo* (28 de diciembre de 1987), p. 13.
11. Levin, *op. cit.*, pp. 54, 55.
12. Jones, *op. cit.*, p. 21.
13. Neff, David. «The Painless-Divorce Myth», *Christianity Today* (12 de mayo de 1989), p. 17.
14. Stafford, *op. cit.*, p. 26.
15. *Ibid.*, p. 29.

CAPÍTULO 20

Las caricias prematrimoniales

≈≈≈≈

$\mathcal{L}$as Escrituras enseñan con suma claridad que el acto sexual está reservado para el matrimonio. El coito antes del matrimonio es fornicación. Pero ¿qué dice la Palabra de Dios sobre todas las expresiones físicas que preceden al acto sexual? Muchos jóvenes, por no hacerse esta pregunta de antemano, llegan hasta las puertas del coito, o realizan el acto sexual con su novia o amiga. Luego, se preguntan cómo pudieron llegar tan lejos.

Puesto que la Biblia no habla de manera explícita de las caricias prematrimoniales, es preciso que evitemos la tentación de dogmatizar al hablar de las mismas. A la vez hemos de insistir en que hay principios que podemos aplicar a esta cuestión. Mucho de lo que podemos aprender de la voluntad de Dios en cuanto a cualquier tema puede adquirirse observando la forma en que Dios obra y cómo es su creación. Al estudiar el cuerpo humano en su relación con el sexo, podemos hacer tres observaciones:

1. El verdadero amor quiere expresarse de forma física. Una de la características del verdadero amor es que quiere expresarse de forma física. No se queda satisfecho con simples palabras. A medida que una pareja desarrolla una relación caracterizada por el verdadero amor, crecen las ganas de expresar ese amor físicamente. Las caricias que no son acompañadas por el amor suelen representar una búsqueda egoísta del placer físico a expensas de los demás. Mientras las caricias sin amor pueden dar placer a corto plazo, sobre la marcha aburren a la pareja por carecer de sentido.

2. Las caricias tienen que ver con un proceso. Este proceso cuenta con varios niveles de contacto físico que van de lo más inocente hasta lo más excitante: el ir de la mano, un brazo alrededor del hombro o la cintura, un beso, un abrazo, muchos besos, el estimular las zonas y los órganos sexuales (sin entrar en el acto sexual) y el acto sexual.

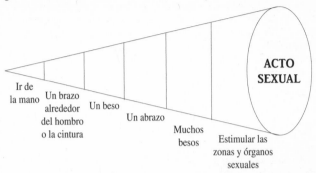

La velocidad con que una pareja pasa de un nivel a otro depende del deseo sexual de las personas y la velocidad en que se desarrolla su relación. Cuanto más tiempo juntos pasa la pareja, más de prisa suele desarrollarse su relación. El hombre que tiene mucha prisa, o que quiere saltar de la nada hasta los últimos pasos, delata sus verdaderas intenciones. Una vez comenzado el proceso, el deseo más natural es el de continuar hasta llegar al final.

3. *Cada etapa de este proceso conlleva su propio nivel de placer físico.* El placer físico y la excitación sexual de andar tomado de la mano con la novia no puede competir con el placer que los últimos niveles aportan. Así es como Dios ha hecho el cuerpo humano. Dios es partidario de las diferentes clases de placer, incluso el físico.

TRES POSICIONES EN CUANTO A LAS CARICIAS PREMATRIMONIALES

¿Debería una persona comenzar este proceso antes del matrimonio? ¿Es lícito para todos? Si es lícito comenzar el proceso, ¿existe un límite? Entre los evangélicos se encuentran tres respuestas distintas a estas preguntas:

Ningún contacto físico antes del matrimonio, aun en el caso de los novios

Esta posición, más común en generaciones anteriores, no es muy apreciada en este día de tanta libertad y libertinaje. Pero antes de descalificarla, merece la pena reconocer las preocupaciones legítimas de quienes la mantienen. Afirman que Dios nos ha creado de tal forma que, una vez comenzado el proceso, lo normal es desear llegar hasta el final. Si el último paso está reservado con claridad para el matrimonio, entonces, no se debería empezar el proceso. El tener que quedarse a mitad del camino sólo producirá frustración en la pareja.

Esta posición aprecia los peligros implícitos en este proceso, especialmente para los jóvenes, ya que se encuentran en el apogeo de su deseo sexual. Reconoce que el cuerpo es «para el Señor» (1 Co. 6:13) y el templo del Espíritu Santo (v. 19). Por estos motivos esta posición merece el respeto de todo creyente comprometido con una vida santa.

Sin embargo, cuenta con algunos inconvenientes. En primer lugar, niega al verdadero amor la posibilidad de expresarse físicamente, aun a un nivel muy discreto. Tiene poco sentido que un hombre pueda dar un ósculo santo a todas las mujeres de una iglesia (Ro. 16:16), pero no pueda besar a su novia. En segundo lugar, ignora el principio del autocontrol. La pareja que empieza este proceso y establece un límite en algún punto del mismo, no tiene que quedarse frustrada necesariamente. Por regla general, el autocontrol no hace daño a nadie, sino que fortalece a quienes lo practican. Lo que sí puede producir frustración es haber saboreado el placer del acto sexual y, al darse cuenta de su error, echarse hacia atrás. «Ojos que no ven, corazón que no siente.»

Para todos, sean novios o no

Esta es la posición de la mayoría de quienes no toman el tiempo para considerar el tema de las caricias prematrimoniales. La mayoría de las personas practican esta posición, entrando en el proceso sin pensarlo de antemano. No suelen pensar en límites, aunque si se les preguntara dirían que tiene que haberlos.

Si muchos no aceptan la posición anterior por parecer anticuada, deberían rechazar ésta por ser sumamente peligrosa e irresponsable. En primer lugar, porque ignora que las caricias forman parte de un proceso que cuenta con varios peligros. Por no pensarlo de antemano, uno se suele encontrar precipitando los últimos pasos sin saber cómo se llegó tan lejos. Ha pasado de nivel a nivel, ignorando los peligros que existen. En segundo lugar, porque pocas personas se alegran cuando se enteran de que su pareja ha pasado por este proceso con otras personas antes de comprometerse como su novio o novia. El verdadero amor es celoso y no quiere compartir a su pareja con nadie. Por último, por no poder contestar de forma adecuada a la pregunta: ¿qué es lo que expresan las caricias si las dos personas no están comprometidas para casarse: un experimento, un juego, un favor devuelto o acaso un deseo de disfrutar del placer físico que las caricias aportan?

La única manera de considerar las caricias como legítimas en aquellas relaciones donde no existe todavía un compromiso formal para casarse, es recordar que el amor verdadero entre dos personas comienza mucho antes que el hombre pida formalmente la mano de la mujer. Pero habiendo dicho eso, los jóvenes harían bien en no emplear este argumento para justificar de manera ligera o excusar unos actos en una relación que tiene poco porvenir.

Para novios, pero limitado

Esta posición propone que el cuerpo del creyente pertenece a tres personas, en el siguiente orden de prioridad:

1. Al Señor. El cuerpo del creyente es «para el Señor», es un «miembro de Cristo» y es el «templo del Espíritu Santo» (1 Co. 6:13, 15, 19). Puesto que el creyente ha sido comprado por Cristo, todo lo que es y posee, incluso su cuerpo, pertenece a Cristo. Por lo tanto, tiene la responsabilidad de glorificar a Dios con su cuerpo (1 Co. 6:19, 20).

2. A su futuro cónyuge. Esta posición argumenta: «Como mi cuerpo es para mi cónyuge futuro, voy a reservar mis expresiones físicas de afecto para esa persona.» El cuerpo del futuro marido existe para suplir las necesidades sexuales de su esposa futura y viceversa.

3. A sí mismo. El cuerpo del creyente pertenece al mismo creyente. Es su cuerpo; la responsabilidad de cuidarlo es suya. Pero es la última persona que tiene derecho sobre su cuerpo. El no creyente suele invertir este orden de prioridad, colocándose a sí mismo en primer lugar. Su cuerpo es suyo para hacer con él lo que mejor le parezca. En el mejor de los casos, su esposa ocupa el segundo lugar. Dios no suele figurar en su lista de propietarios.

Esta posición parece responder a todos los intereses y preocupaciones que se han mencionado hasta el momento. Permite que el verdadero amor se exprese de forma física y respeta la importancia y valor de la misma. Reconoce que las caricias forman parte de un proceso que conlleva ciertos peligros. Por lo tanto, reconoce la necesidad del autocontrol y ciertos límites. Y respeta el cuerpo como santo, puro y merecedor de respeto. No permite que las caricias de cualquiera lo abaraten. Para el autor, de las tres posiciones, ésta es la que de forma más adecuada responde a todos los intereses legítimos del creyente.

CRITERIOS PARA IDENTIFICAR EL LÍMITE

La Biblia no habla de manera explícita de ninguno de los pasos o niveles anteriores al acto sexual. Sin embargo, el sentido común tiene mucho que decirnos.

Estimular las zonas y órganos sexuales no es prudente

Un uso mínimo del sentido común nos lleva a desaconsejar el penúltimo paso por varios motivos:

1. La naturaleza de las zonas y órganos sexuales. Todos los miembros del cuerpo humano son buenos; no hay miembros malos. Ciertas zonas y miembros del cuerpo son capaces de responder a la estimulación sexual. En líneas generales, el cuerpo humano cuenta con zonas y órganos que son:

- menos excitables: manos, hombros, cintura
- más excitables: cuello, labios
- casi explosivos: pechos femeninos, zona genital en general
- claramente explosivos: clítoris (mujer), pene (hombre)

El penúltimo paso del proceso, el de estimular las zonas y órganos sexuales, tiene que ver con las zonas y los miembros denominados «casi explosivos» y «claramente explosivos». A medida que son estimulados, se produce un placer intenso creciente, lo que hace que la persona pierda el control de sí mismo y se apodere de él un deseo cada vez más insistente de celebrar el acto sexual. La culminación de la estimulación de las zonas y los órganos sexuales es el orgasmo, una explosión de placer físico. Después de alcanzar el orgasmo, la persona experimenta un estado de satisfacción y un relajamiento corporal.

2. *El propósito de estimular las zonas y órganos sexuales.* La estimulación de las zonas y los órganos sexuales sirve como preparación para el acto sexual, el coito. Tanto es el caso que el penúltimo paso y el acto sexual representan dos etapas de *un mismo paso*, en vez de dos pasos distintos. Acariciar las zonas y los órganos sexuales no es un acto aislado o un paso aparte, sino que forma parte del acto sexual. Después de acariciar las zonas y los órganos sexuales, lo normal es proceder hasta el acto sexual, o al menos al orgasmo. Lo anormal es quedarse a mitad de camino.[1]

3. *El problema para el creyente.* El creyente se enfrenta con tres problemas. En primer lugar, el placer tan intenso que se produce en este penúltimo paso hace que la persona pierda el control de sí mismo, quedándose sin defensas. El creyente no debería, ni tiene el derecho, de ponerse en una situación de tentación donde se encuentra sin defensas. El creyente que coloca su cuello en la soga corre el gran peligro de ahorcarse. En segundo lugar, Dios ha creado el cuerpo humano de tal forma que cuando se excita sexualmente, uno de los deseos más fuertes que se produce es el de culminar ese placer físico en el coito, un acto que Dios condena como pecado antes del matrimonio. En tercer lugar, a medida que el placer aumenta, la excitación sexual es cada vez más impulsiva y difícil de controlar, colocando al creyente en una situación peligrosa.

Algunos, confiando en su poder de autocontrol, se preguntarán si sería legítimo practicar la masturbación mutua, acariciar los órganos sexuales hasta el orgasmo, pero sin llegar al último paso, el coito. Una encuesta reveló que una de las mayores causas de la ruptura de noviazgos es precisamente la práctica de acariciarse los órganos sexuales hasta el orgasmo, pero sin permitirse el deseo natural de celebrar el acto sexual. El esfuerzo y el autocontrol que se requiere para no pasar al coito deja frustrada y enfadada a la pareja.

Entonces, otros se preguntarán si sería legítimo excitarse mutuamente, pero no hasta el orgasmo. El sexólogo Kinsey afirmó que esta práctica podría producir estorbos graves, tensión nerviosa e hipersensibilidad. Por eso, sugirió que si una pareja no está dispuesta a llevar la masturbación mutua hasta el orgasmo, mejor sería no acariciar las zonas eróticas en absoluto.

Tal vez los que tienen un deseo sexual más fuerte tengan que establecer limitaciones adicionales

Lo que puede ser inocente y aceptable para una persona, podría representar una tentación inaceptable para otra que tiene un deseo sexual más fuerte. No es cuestión de imitar lo que hacen los demás, sino de conocerse a sí mismo y fijar los límites de acuerdo con los propios deseos sexuales.

Las mujeres deberían recordar que suelen excitarse sexualmente con más lentitud que los hombres. Lo que puede ser inocente y poca cosa para ellas, podría ser insoportable y estar más allá del autocontrol del hombre. Por eso, las mujeres no son los mejores jueces a la hora de identificar los límites que ella y su novio no deben sobrepasar.

Tal vez los que tienen que esperar mucho tiempo para casarse necesiten limitarse todavía más

El tener que esperar mucho tiempo para casarse obligará a la pareja a practicar el autocontrol a largo plazo, siempre parando en el mismo paso, a pesar de sus deseos de continuar. El casarse antes de estar preparado para afrontar las exigencias del matrimonio no es una solución aceptable. Para evitar noviazgos largos, lo mejor que se puede hacer es evitar comprometerse demasiado joven.

Los novios necesitan controlar la expresión física de su amor y no ser controlados por ella

Muchos novios ceden ante la tentación de pasar la mayor parte de su tiempo juntos cultivando una unión a nivel físico. Los novios que abrazan como meta para su matrimonio futuro el reflejar la unidad que existe entre los miembros de la Trinidad, harían bien en tomar la iniciativa de cultivar su relación también a un nivel espiritual, mental y emocional. Los novios necesitan controlar la expresión física de su amor, en vez de ser controlados por ella. En el momento de ser dominados por las caricias, cabe preguntarse si no se ha ido más allá de un límite prudente.

Existe un límite geográfico

El amor pierde algo cuando hay espectadores. Aquellas expresiones íntimas que se hacen cuando la pareja está rodeada de gente sólo sirven para excluir a los demás y hacerlos sentirse como intrusos. Las caricias de índole íntimo no tienen lugar en el foro público. Mientras que un beso de afecto es perfectamente aceptable en público, el besarse mucho es otra cosa.

PERDÓN POR EL PASADO, ESPERANZA PARA EL PRESENTE Y EL FUTURO

¿Qué esperanza existe para el joven que ha tenido relaciones sexuales antes de casarse? ¿Hay perdón de parte de Dios? ¿Qué consecuencias traerá su fornicación en el pasado a la hora de buscar pareja? ¿Cómo afectará su pecado del pasado a su futuro matrimonio? ¿Existe la posibilidad de cultivar un buen matrimonio y un vida sexual satisfactoria en el futuro?

Lo hecho, hecho está. No se puede *cambiar* el pasado, pero sí se puede *resolver*. Es más, es imprescindible resolverlo si se quiere tener un futuro positivo. No escaparemos de las consecuencias que nuestro pecado pasado nos traerá. Pero existe la posibilidad de forjar un presente y un futuro que compense esas consecuencias y de cultivar una vida que valga la pena. Todo depende de cómo el pecador responda a su pecado pasado.

La persona que haya tenido relaciones prematrimoniales y cuya actitud es: «aquí no ha pasado nada», no tendrá ningún inconveniente en tener relaciones extramatrimoniales una vez casada. Puesto que el matrimonio no elimina la codicia sexual, continuará cayendo una y otra vez ante las tentaciones que se le presentan.

La respuesta que Dios busca del pecador es el arrepentimiento, lo cual le permite reordenar los pedazos de su vida y hacer de ella algo verdaderamente útil y bello. Pero es importante que el pecador entienda en qué consiste el arrepentimiento. Muchos creyentes nunca experimentan el pleno perdón de Dios porque su arrepentimiento es incompleto. El arrepentimiento bíblico consta de tres pasos:

Asumir la culpabilidad

O sea, ponerse de acuerdo con Dios en que las relaciones prematrimoniales, la fornicación, es pecado, sin buscar excusas. Quienes insisten en que alguien les provocó, que existían motivos justificados, que se encontraban en un momento bajo, que la tentación superó su capacidad de resistirla, y excusas por el estilo, en efecto culpan a los demás por su pecado, igual que Adán y Eva cuando Dios les preguntó: «¿Quién te enseñó que estabas desnudo? ¿Has comido del árbol del que yo te mandé no comieses? Y *el hombre respondió: La mujer* [Eva tiene la culpa] *que me diste* [Dios también tiene la culpa] por compañera me dio del árbol, y yo comí. Entonces Jehová Dios dijo a la mujer: ¿Qué es lo que has hecho? Y dijo *la mujer: La serpiente* [Satanás tiene la culpa] me engañó, y comí» (Gn. 3:11-13).

A pesar de que David cometió adulterio con Betsabé y luego intentó encubrir sus pecado al enviar a su marido Urías a una muerte segura, Dios consideraba a David «un hombre conforme a mi corazón» (Hch. 13:22). En contraste con Saúl, un hombre que siempre se excusaba al culpar a los demás por su pecado (1 S. 13:11, 12; 15:20, 21), David asumió la culpa por su propio pecado. Nada más oír las palabras del profeta Natán: «Tú eres el hombre», David confesó: «he pecado contra el Señor» (2 S. 12:7, 13).

Donde hay verdadera confesión, Dios es «fiel y justo para perdonarnos los pecados y limpiarnos de toda maldad» (1 Jn. 1:9), incluso los pecados sexuales.

Aceptar la disciplina divina sin resentirse ni quejarse

El perdón de Dios no elimina las consecuencias de nuestros pecados, las cuales pueden darse de muchas formas: enfermedades de transmisión sexual, traumas emocionales, la tentación de continuar cometiendo pecados sexuales, la desconfianza de los demás, la disciplina eclesiástica, el posible odio y rencor de quienes han sido perjudicados por nuestro pecado, el estigma y rechazo de la sociedad, etc.

Algunas de estas consecuencias pueden aminorarse con el tiempo; otras no. Luego, siempre habrá quienes tratarán al pecador con una dureza desmedida, igual que habrá quienes excusarán al culpable con un amor y perdón sentimentalista no bíblico. El culpable debería evitar la tentación de quejarse de cualquier trato que considere injustificado, ya que corre el gran peligro de caer en la postura de justificarse por lo que ha hecho. La mejor respuesta siempre es: «Soy culpable», recordando que delante de Dios es merecedor de un mayor castigo. Por regla general, la mayoría de las personas no persiguen a quienes se declaran culpables.

En cuanto sea posible, reparar el daño hecho

Supongamos una escena imaginaria. Juan se enfada con Jaime de tal forma que le pega en la cara y le arranca tres dientes. Pasadas tres horas, Juan se da cuenta de su pecado y le pide perdón a Jaime con lágrimas en sus ojos. Pero nunca ofrece pagar la costosa factura de reparar las dientes de Jaime. ¿Ha habido arrepentimiento bíblico?

El verdadero arrepentimiento bíblico siempre procura reparar el daño hecho, en cuanto sea posible. Tal vez la única opción disponible sea la de pedir perdón y luego vivir con las consecuencias de sus actos. Pero debería hacer todo lo posible para pagar la factura de la reparación requerida por el daño que ha hecho. El limitarse a simples palabras y lágrimas por lo que se ha hecho es quedarse a mitad de camino.

En tiempos pasados, se exigía que el joven que dejaba embarazada a una joven se casara con ella. Muchas de las parejas que habían cultivado una verdadera relación antes del embarazo y que habían respondido a su pecado con un arrepentimiento completo, eran capaces de forjar un buen matrimonio. Al contrario, un porcentaje alto de aquellas parejas que se casaron, sin haber tenido ninguna relación antes del embarazo, acabaron separándose o divorciándose. Por lo tanto, la llegada de un niño es una motivación muy pobre para casarse.

El proceso de reunir todos los pedazos de la vida de una persona que ha tenido relaciones prematrimoniales no es sin dolor; la santificación personal es costosa. Pero su fruto vale la pena. Es increíble la obra de arte que Dios puede producir en la persona que se arrepiente de su pecado y deja que Dios reordene su vida. Un matrimonio que vale la pena es una gran posibilidad para cada persona que se arrepiente, hasta en el caso de una madre soltera.

El arrepentimiento completo por parte de cualquier pecador siempre resulta en un perdón pleno de parte de Dios. Este perdón es tan amplio que los autores bíblicos han de emplear varios símiles para describirlo. «Cuanto está lejos el oriente del occidente, hizo alejar de nosotros nuestras rebeliones» (Sal. 103:12). «El volverá a tener misericordia de nosotros; sepultará nuestras iniquidades, y echará en lo profundo del mar todos nuestros pecados» (Mi. 7:19). «Venid luego, dice Jehová, y estemos a cuenta; si vuestros pecados fueren como la grana, como la nieve serán emblanquecidos; si fueren rojos como el carmesí, vendrán a ser como blanca lana» (Is. 1:18).

NOTAS

1. Ezequiel 23 representa una posible ilustración bíblica de la relación entre el penúltimo paso y el coito. El profeta compara la idolatría y la apostasía espiritual del pueblo de Dios con la prostitución (vv. 3, 5, 8, 11, 14, 18, 19; «fornicación» en Reina Valera de 1960) que cometieron dos hermanas. La mayor se llamaba Ahola, y representa a Samaria, la capital de Israel. La menor se llamaba Aholiba, y representa a Jerusalén, la capital de Judá. Estas dos hermanas permitieron que sus amantes, los asirios (v. 9) y los babilonios (v. 17), estrujaran, apretaran y comprimieran sus pechos virginales (vv. 3, 8, 21), una zona casi explosiva en la mujer. Las palabras «apretar» y «comprimir» en el hebreo significan «tocar con la mano». Ninguna de ellas significa «aplastar con el cuerpo» como algunos sugieren, lo cual sería una posible referencia al acto sexual y a la llamada «posición misionera».

¿Cuál es la relación entre la prostitución de estas dos hermanas y el permitir que sus pechos fuesen acariciados por sus amantes? Sólo existen dos posibles interpretaciones, y en ambos casos la conclusión es la misma: el penúltimo paso debería considerarse como fuera de lugar para todo soltero. La primera es que el acariciar los pechos femeninos *es* un acto de prostitución, o de fornicación en el sentido general de esta palabra, ya que es el único acto explícito que aparece en este capítulo que podría definir en qué consistía la prostitución de estas dos hermanas.

La segunda posible interpretación es que el acto de acariciar los pechos guarda una relación tan íntima con el acto sexual, el coito, que en efecto representa una parte del mismo. Por eso, la prostitución y el acariciar los senos aparecen en el mismo texto. El fluir del pasaje sugiere que la prostitución de estas dos hermanas no se limitaba a una simple estimulación de los pechos. El énfasis sobre sus pechos virginales (vv. 3, 8) nos empuja a pensar que el profeta se refiere a la fornicación en su sentido estricto, el acto sexual por parte de una persona no casada. Con esta interpretación se subraya la relación tan íntima que existe entre el penúltimo paso y el acto sexual.

CAPÍTULO 21

La masturbación

La masturbación es el acto de acariciar los genitales con el propósito de producir un orgasmo; esa explosión de placer físico que representa la culminación de la excitación sexual. Según una encuesta realizada en 1991, el tema que más preocupa a los jóvenes varones de 15 a 17 años de edad es la masturbación.[1] Un 38% de las jóvenes se preocupan más por el riesgo de quedar embarazadas (los primeros dos apartados).

Hombres	Mujeres
Masturbación 28%	Anticonceptivo 22%
Técnicas sexuales 14	Miedo al embarazo 16
Tamaño pene 9	Virginidad 9
Sexualidad en general 6	Masturbación 9

Mientras que la masturbación se presenta con frecuencia como un problema o práctica exclusivamente masculina, el hecho es que entre el colectivo universitario el 90% de los hombres y el 60% de las mujeres la practican.[2]

UNAS PREMISAS INICIALES

El autor parte de la base de que: la masturbación mutua prematrimonial no es prudente ni recomendable; la masturbación mutua matrimonial es lícita y forma parte de ese proceso de caricias que culmina en el acto sexual; la masturbación en solitario por parte de una persona casada puede ser legítima en ciertas circunstancias. Es evidente que el tema que más preocupa a los jóvenes es la masturbación en solitario antes del matrimonio.

Conviene distinguir entre una *obsesión* por masturbarse y ese *sentido de culpabilidad* que con tanta frecuencia resulta con dicha práctica. Una obsesión es una fijación tan fuerte en una idea, actividad u objeto que la persona llega a estar dominada por la misma. Una persona puede obsesionarse con la comida, la limpieza, la organización, el perfeccionismo, el dinero, el poder, etc. Puede obsesionarse tanto con cosas malas como con cosas buenas. Una obsesión con la masturbación no es prueba de que dicha práctica sea mala, sino que la persona en cuestión se ha dejado controlar por ella.

Un sentido de culpabilidad puede producirse por una conciencia afligida al desobedecer la ley de Dios escrita en el corazón (Ro. 2:15), o escrita en las Escrituras y enseñada por los padres, líderes civiles y religiosos, la sociedad, etc. También puede ser el resultado de unas ideas que otros han impuesto sobre los demás, aunque sean erróneas. Es posible transmitir a otra persona un sentido de culpabilidad por comer zanahorias, al enseñarle desde su niñez que las zanahorias son pecaminosas.

Una pregunta crítica en nuestra consideración de la masturbación es si el sentido de culpabilidad que muchos sienten se debe a la desobediencia a una clara enseñanza bíblica, o a haber aceptado como verdad una información que puede ser errónea.

En cualquier consideración de este tema, se ha de rechazar la desinformación, esos supuestos datos que no se corresponden con la verdad. En el pasado, algunos líderes civiles y religiosos afirmaban que la masturbación era capaz de provocar la locura, la calvicie, de secar la médula espinal, de hacer estéril al hombre, etc. Sin embargo, no hay ninguna evidencia médica ni científica de que la masturbación cree problemas de índole físico.

De igual forma, rechazamos como irresponsable la posición propuesta por el Ministerio de Asuntos Sociales de España en el folleto que publicó en 1992 titulado: «Es divertido, pero no es un juego.» Este tratado, que formaba parte de una campaña de prevención de embarazos adolescentes, recomendaba la masturbación mutua entre parejas como una «estupenda y satisfactoria manera de compartir el placer sexual, así como una ayuda al conocimiento mutuo».[3] Esta estrategia tan pobre y a la vez peligrosa no hará otra cosa sino aumentar el mismo problema que pretende eliminar al animar a los jóvenes a entrar en el penúltimo paso del proceso de caricias descritas en el capítulo anterior.

¿Qué dicen las Escrituras al respecto?

Durante muchos siglos la Iglesia Católica mantuvo el criterio de que el acto sexual servía exclusivamente para procrear. Las iglesias evangélicas no tenían por qué discrepar con esta posición. En tiempos modernos la Iglesia Católica ha reconocido el sexo relacional como igualmente legítimo.

Sin embargo, su insistencia en prohibir los anticonceptivos ha eliminado *de facto* el sexo relacional para las parejas que quieren limitar el número de hijos. Bajo este enfoque, no es de extrañar que el sexo recreacional[4] entre los cónyuges, y en especial el placer sexual en privado (masturbación), fuesen condenados por la Iglesia Católica. Esta posición ha dejado su huella en el pensamiento de aquellos evangélicos que se encuentran en países principalmente católicos.

Al rechazar por completo el sexo recreacional, la Iglesia Católica llegó a relacionar el pecado de Onán en Génesis 38 con la masturbación, ya que en ambos casos la experiencia sexual tiene como propósito el placer propio en vez de la procreación. O sea, una culpabilidad por asociación: si Onán sólo buscaba su propio placer y su acto fue condenado por Dios, y si la masturbación es la búsqueda del placer sexual en solitario, entonces la masturbación también es condenable.

Además de carecer de un entendimiento bíblico sobre el propósito del sexo, esta posición es el fruto de una exégesis defectuosa de Génesis 38. Onán vivió durante los primeros siglos de la historia humana cuando apremiaba la necesidad de poblar la tierra. En aquel entonces, una ley de la sociedad que poblaba aquella zona geográfica obligaba al hermano más cercano de cualquier hombre que muriese sin descendencia, a casarse con su cuñada y levantar descendencia a su hermano difunto. Así que Onán se acostó con su cuñada. Pero justo antes de llegar al orgasmo, dio marcha atrás. Dios le castigó con la muerte instantánea por su desobediencia a esa ley civil. Dios consideraba esa ley de origen humano tan sensata e importante que la incluyó en la ley que dio más tarde a Moisés (Dt. 25:5-10; Mt. 22:23-33).

La posición católica se equivoca en dos frentes críticos. En primer lugar, limita el propósito del sexo matrimonial a la procreación, eliminando todos los efectos del sexo relacional por su insistencia en el rechazo de los anticonceptivos y rechazando por completo el sexo recreacional. En segundo lugar, condena la masturbación por asociación con el pecado de Onán. El pecado de Onán consistió en desobedecer una ley civil en tiempos muy especiales y críticos de la historia humana. El hecho de que disfrutara de su experiencia sexual con su cuñada hasta que dio marcha atrás, no quiere decir que cualquier práctica que no tenga la procreación como meta, por ejemplo la masturbación, sea también condenada. La culpabilidad por asociación es una plomada muy defectuosa. A pesar de esa interpretación tan deficiente, la influencia de la Iglesia Católica ha prevalecido. El diccionario define el *onanismo* como el «vicio sexual solitario, masturbación».

Es significativo que la Biblia diga tantas cosas positivas en cuanto al sexo, que prohíba tantos abusos del sexo (adulterio, fornicación, incesto, homosexualidad, bestialidad, el travestirse, afeminamiento, vestirse de forma provocativa, chistes verdes, pensamientos promiscuos), pero que no nombre ni describa la masturbación. Su silencio se oye a gritos. Sin lugar a dudas los argumentos de silencio son débiles: «si Dios no ha dicho nada, entonces...» Pero a la luz de lo mucho que la Biblia sí dice en cuanto al sexo, es difícil pensar que la masturbación se ha dejado fuera de las Escrituras por accidente. Al parecer, a Dios la masturbación no le interesa ni le preocupa.

Mientras que la Biblia no trata el tema, sea por precepto o por ilustración, la enseñanza sobre la codicia sexual (Mt. 5:28) y los pensamientos y fantasías (Fil. 4:8) sí pueden aplicarse a la masturbación ya que la mayoría de las personas cultivan fantasías sexuales mientras practican el acto sexual. A la vez, reconocemos que algunas fantasías pueden ser buenas: un soltero sin compromiso que piensa en el acto sexual sin personalizarlo; un novio que piensa en el acto sexual con su novia dentro de su futuro matrimonio; un cónyuge que ha tenido que separarse de su pareja por un tiempo.

Puesto que la Biblia no condena la masturbación y puesto que la enseñanza sobre la codicia sexual y la fantasía sólo pueden aplicarse a la masturbación cuando la persona que la practica no controla sus pensamientos, no deberíamos condenar lo que Dios no ha condenado.

Aunque la masturbación en sí no es pecado, puede llegar a serlo. De la misma forma que se puede abusar de una cosa buena, por ejemplo de la comida, llegando a ser un glotón, también la masturbación puede emplearse de forma pecaminosa:

- hojeando revistas pornográficas, viendo películas con una alta carga erótica, visitando lugares y entrando en situaciones donde la persona sabe de antemano que su propia temperatura sexual subirá innecesariamente.
- personalizando sus fantasías, imaginándose cometiendo el acto sexual con alguien que no sea su esposa actual o futura, o en un contexto fuera del matrimonio.
- con personas del mismo sexo, lo cual puede culminar en actos homosexuales.
- con personas del sexo opuesto, lo cual puede conducir a la fornicación.
- cuando se asocia con una culpabilidad constante.
- cuando la masturbación se apodera de la persona y le controla.
- cuando continúa más allá de la noche de bodas como un sustituto para una relación sexual normal dentro del matrimonio.

Lo máximo que podemos decir es que la masturbación representa una necesidad temporal que ha de descartarse cuando la persona se casa.

Conviene que los jóvenes recuerden que el sentido de frustración que sienten tiene su razón de ser. Dios tiene algo mejor preparado para ellos: una experiencia sexual más que satisfactoria dentro del matrimonio. Mientras tanto, el joven debe procurar ocupar su mente y su energía física en otras cosas también importantes: su relación con Dios, la comunión fraternal de los santos, su servicio al Señor, los estudios, el deporte, una relación sana con sus amigos, etc. La masturbación y el placer sexual no es lo más importante en la vida.

NOTAS

1. Pizano, Daniel Samper, «¡La ministra recomienda masturbación!», *Cambio 16* (26 de octubre de 1992), p. 15.
2. *Ibid.*, p. 22.
3. *Ibid.*, p. 14.
4. Véase el capítulo 15, la sección titulada «El sexo dentro del matrimonio tiene tres propósitos» para una explicación de estos términos.

CAPÍTULO 22

Los anticonceptivos

৯৬৩৫৩

La Biblia no trata el tema de los anticonceptivos, sea por precepto o por ilustración. Por lo tanto, el creyente tendrá que acogerse a principios bíblicos y aplicarlos a este tema tan importante. Aunque la mayoría de los creyentes están de acuerdo con la necesidad de controlar la natalidad, no coinciden en la mejor forma de hacerlo. Algunos rechazan ciertos métodos anticonceptivos por considerarlos abortivos, entrando en un terreno científico y médico donde pocos son capaces de evaluar de manera adecuada la información. El autor considera los anticonceptivos una de las mayores bendiciones del siglo actual por las siguientes razones:

LOS SERES HUMANOS YA HAN CUMPLIDO EL MANDAMIENTO DE GÉNESIS 1:28

Cuando el lector de la Biblia encuentra una promesa o mandamiento, ha de preguntarse si tiene una aplicación *directa* o no a su vida. Para contestar esta pregunta, debería tomar nota de las circunstancias y el contexto en que tal promesa o mandamiento fue dado y sopesar hasta qué punto coinciden con su experiencia. Aun en el caso de haber muchas similitudes, el intérprete no debería llegar de forma gratuita a la conclusión de que circunstancias similares equivalen a una aplicación similar a la que se hace en las Escrituras.

En el caso del mandamiento: «fructificad y multiplicaos; llenad la tierra, y sojuzgadla» (Gn. 1:28), sólo existían dos personas en el planeta. En aquellos tiempos una familia numerosa significaba mayor protección (más hombres para llevar armas) y prosperidad (más gente para trabajar la tierra). Nuestra situación en el siglo actual es todo lo contrario. En el año 1800 había 160 millones de habitantes en Europa; en 1974, 460 millones. En 1800 se requerían 6 hijos por pareja para mantener estable la población europea debido al nivel tan alto de mortalidad infantil. Hoy se requieren tan sólo tres hijos por pareja. Esto en cuanto a Europa.

El ser humano ha poblado nuestro planeta hasta tal punto que existe un problema de supervivencia en ciertos países. Ya en el año 1974 se decía que «el aumento de la población mundial es más grande cada año, en especial en los países pobres. El año pasado, la población aumentó en 67 millones, el aumento más grande en la historia. Se ha doblado desde el fin de la Segunda Guerra Mundial. Con una frecuencia creciente, una variedad de expertos y organizaciones importantes nos avisan de que se está desarrollando una carencia cada vez mayor de alimentos, lo cual con toda seguridad amenazará la vida de millones de personas durante los próximos años. El señor Sterling Wortman, vicepresidente de la *Rockefeller Foundation*, dice: "No creo que haya una solución al problema de la alimentación del mundo si no podemos estabilizar la población"».[1]

La seriedad del problema se aprecia al observar las estimaciones progresivas de la superpoblación del mundo. «La población mundial está cifrada actualmente en unos 5.480 millones de personas, según el Fondo de Población de las Naciones Unidas. En 1998, según las previsiones, esta cifra puede incrementarse hasta los 6.000 millones y pasar a 8.500 millones en el año 2025. Los especialistas estiman que la Tierra no está preparada para soportar un crecimiento tan rápido de la población, sobre todo cuando actualmente 1.156 millones de personas viven en condiciones de absoluta pobreza. El 83% del crecimiento de la población mundial se produce en las ciudades.»[2]

Se puede culpar al capitalismo, a la mala distribución de los alimentos disponibles, a la corrupción y el mercado negro, a las guerras civiles o a la aglomeración de la población mundial en las grandes ciudades. Es evidente que todos estos problemas complican el también problema de la carencia de alimentos. Pero hasta que se resuelvan, nos quedaremos con una falta de alimentos.

DIOS HA DADO AL SER HUMANO AUTORIDAD SOBRE LAS LEYES NATURALES

Quienes se oponen a los anticonceptivos argumentan que estorban e interfieren en las leyes naturales que Dios ha establecido. ¡Por supuesto que sí! Eso es exactamente lo que Dios nos ha mandado hacer. Sugerimos que la palabra «sojuzgadla» (Gn. 1:28) se refiere no sólo a la tierra y a los animales, sino también a las leyes naturales. La leche pasteurizada, los aviones que emplean las leyes de la aerodinámica, las vacunaciones, la anestesia, los medicamentos que prolongan la vida, todos interfieren en leyes naturales establecidas por Dios. Mientras que el hombre está por debajo de las leyes *morales* y ha de someterse a ellas, Dios le ha colocado por encima de las leyes *naturales*. No debemos confundir ni mezclar las leyes naturales con las leyes morales.

Es verdad que, de alguna forma desconocida, somos socios de Dios, coproductores en la creación de vida (1 P. 3:7). Pero no podemos concluir de ahí que podemos echar sobre Dios toda nuestra responsabilidad en cuanto a la creación de los hijos. Dios ha puesto en nuestras manos el control de las leyes naturales y no nos permite devolvérselas a Él. Es irresponsable y simplista mantener relaciones sexuales dentro del matrimonio, sin más, y confiar en que Dios nos dé los niños que Él quiere que tengamos.

Los anticonceptivos no son una cuestión moral

Esta verdad es la otra cara de la afirmación expresada en el apartado anterior. Si los anticonceptivos tienen que ver con leyes naturales, entonces no es una cuestión moral. Mientras la Biblia habla de la moralidad, el papel de los cónyuges en el matrimonio, el sexo, etc., nunca habla de la cuestión de los anticonceptivos, sea por precepto o por ilustración. El ejemplo de Onán en Génesis 38:4-10 no prohíbe los anticonceptivos, sino la desobediencia a una ley de aquel entonces en cuanto a levantar semilla a un hermano difunto. Primera de Corintios 7:1-6 no se opone a los anticonceptivos, sino al concepto de que el sexo es sólo para la procreación.

Es verdad que el hombre que llena su aljaba de niños es bienaventurado (Sal. 127:5), porque los niños son una gran bendición. Pero también es verdad que la Biblia nunca nos manda tener todos los hijos que podamos.

La mayoría de los creyentes practican alguna forma de control de natalidad

Muy pocos creen que una mujer debe tener todos los hijos que pueda entre la boda y la menopausia. La gran mayoría de quienes se oponen a los anticonceptivos acaban adoptando algún método anticonceptivo, por lo general cuando han tenido más niños de lo que quieren, cuando es demasiado tarde. ¿No habría sido más sensato pensar de manera más objetiva antes que fuese demasiado tarde?

Los proponentes del control de la natalidad no son partidarios de matrimonios sin hijos, sino de un reparto de nacimientos que permita a los padres atender debidamente las responsabilidades que supone tener otro hijo. A la vez, existen motivos justificados para no tener hijos, como tener más tiempo para la obra de Dios, la salud de la madre, etc. La abstinencia es una forma de planificación familiar que está terminantemente prohibida en 1 Corintios 7:3-5.

Dios hace a los padres responsables del cuidado de sus hijos

Tener un hijo más, es más que el parto. Los padres han de proveer para sus hijos. Demasiados hijos pueden destruir un matrimonio. Hoy día, un hijo más significa una carga más. Ya no es una cuestión de más prosperidad, sino de menos. Hoy día, los padres han de sostener económicamente a sus hijos por más tiempo, debido a la necesidad de una formación educativa más amplia y el número decreciente de empleos. Un hijo más suele significar menos posibilidades educativas para los demás hijos y un bajón en el nivel de vida para familias numerosas. Antes de buscar otro hijo, los cónyuges harían bien en preguntarse:

- Si tenemos otro hijo, ¿pondremos en peligro la provisión para las necesidades espirituales, económicas y educativas de los hijos que ya tenemos?
- ¿Somos emocionalmente capaces de cuidar un hijo más?
- ¿Existe la posibilidad de transmitir al próximo hijo una enfermedad genética?
- ¿Perjudicará la salud de la madre?
- ¿Permite nuestro estilo de vida tener espacio suficiente para otro hijo? Existe una gran diferencia entre vivir en un ambiente rural y vivir en pleno centro de una ciudad grande.
- Si somos obreros del Señor, ¿perjudicará otro hijo la eficiencia de nuestro ministerio? ¿Hay fondos suficientes en la obra de Dios para sostener a un hijo más?
- ¿Cuál es la situación de la población en nuestra área del mundo?

El anticonceptivo empleado debe: ofrecer un grado alto de garantía, eficacia y seguridad; ser sencillo y fácil de entender; ser relativamente fácil de manejar o usar; ser estéticamente aceptable para ambos cónyuges, sin ser repugnante para ninguno de los dos; ser lo bastante económico y asequible; permitir una vida sexual satisfactoria; y carecer de irritación mecánica o efectos perjudiciales para la salud de cualquiera de los dos.

Al acercarse el nacimiento del siguiente hijo, los matrimonios deberían preguntarse si quieren más hijos. Si no, el parto es el momento ideal para eliminar cualquier embarazo futuro en la mujer. En otro momento, requeriría una operación quirúrgica bastante costosa y seria.

Es curioso que los hombres sean los que ofrecen más resistencia a la hora de hablar de los métodos anticonceptivos, en especial si se trata de esterilizar a uno de los cónyuges. Si un hombre acepta los anticonceptivos como legítimos, entonces debería estar dispuesto a aceptar la vasectomía como una opción también. Esta operación, que se puede realizar en el mismo despacho del médico, dura aproximadamente 30 minutos, es económica y requiere sólo un día o dos de recuperación en casa. Su mayor inconveniente es que es casi irreversible.

El hombre que descarta la vasectomía como legítima argumentando:

«¿qué pasará si mi mujer muere y me caso de nuevo con alguien que quiere tener hijos?», debería tener en cuenta de que no se puede vivir sobre la base de «¿qué pasaría si...?» Hay pocos casos de viudez a una edad temprana. En segundo lugar, la mayoría de los hombres que enviudan ya se encuentran en una edad en la que no quieren tener más hijos.

Aunque este libro no abarca la cuestión del aborto, los anticonceptivos son la solución para el matrimonio que no quiere tener más hijos. Aun en el caso de solteros sexualmente promiscuos, un estilo de vida que las Escrituras condenan, el uso de un anticonceptivo eficaz sería preferible al aborto.

CONCLUSIÓN

Los anticonceptivos representan una de las bendiciones más significativas de este siglo porque permiten a la pareja buscar el número de hijos que se creen capaces de sostener y cuidar, proteger la salud de la madre y expresar su unidad y disfrutar del sexo sin tener que preocuparse por unas consecuencias no deseadas. Esta preocupación suele destruir la expresión de la unidad de aquellas parejas que se niegan a usar un anticonceptivo eficaz.

NOTAS

1. *Herald Tribune* (28 de julio de 1974).
2. «La explosión demográfica», *El Periódico de Catalunya* (7 de junio de 1992).

Bibliografía

❧❧❧

Libros en español

Libros

Bross, Barbara, y Gilbey, Jay. *Complete Sexual Fulfillment*. Los Ángeles: Sherbourne Press, 1967.

*Butler, Robert N., y Lewis, Myrna. *Amor y sexualidad después de los 40*. Barcelona: Ediciones Martínez Roca, 1988.

Capper, W. Melville, y Williams, H. Morgan. *Toward Christian Marriage*. Chicago: InterVarsity Press, 1958.

Crabb, Lawrence. *The Marriage Builder*. Grand Rapids: Zondervan, 1982.

Eichenlaub, John E. *The Marriage Art*. Nueva York: Dell Publishing Co., 1961.

*Falcón, Lidia. *El varón español a la búsqueda de su identidad*. Círculo de Lectores, 1986.

Fritz, J. A. *The Essence of Marriage*. Grand Rapids: Zondervan, 1969.

Getz, Gene. *The Christian Home in a Changing World*. Chicago: Moody, 1972.

Gittelson, Natalie. *The Erotic Life of the American Housewife*. Nueva York: Dell Publishing Co., 1972.

*Gray, John. *Los hombres son de Marte, las mujeres de Venus*. Barcelona: Grijalbo, 1993.

Green, Zelma Bell. *Christian Male-Female Relationships*. Grand Rapids: Baker, 1967.

Hendricks, Howard G. *Heaven Help the Home*. Wheaton: Victor Books, 1973.

*Ibor, López. *Libro de la vida sexual*. Barcelona: Danae, 1968.

Keirsey, David, y Bates, Marilyn. *Please Understand Me*. Del Mar, California: Nemesis Books, 1978.

*LaHaye, Tim y Beverly. *El acto matrimonial*. Terrassa, España: CLIE, 1978.

*Lewis, C. S. *Cartas del diablo a su sobrino*. Madrid: RIALP, S.A., 1994.

MacDonald, George. *Magnificent Marriage*. Wheaton: Tyndale House, 1976.

*Miles, Herbert J. *Felicidad sexual para el joven y el adolescente*. (Miami: Logoi, 1973)

*———. *Felicidad sexual antes del matrimonio*. Miami: Logoi, 1974.

*———. *Felicidad sexual en el matrimonio*. Miami: Logoi, 1972.

*Osborne, Cecil. *Psicología del matrimonio*. Miami: Logoi, 1974.

Olford, Stephen F., y Lawes, Frank A. *The Sanctity of Sex*. Westwood, N.J.: Fleming Revell Co., 1963.

Penner, Clifford y Joyce. *The Gift of Sex*. Waco: Word Books, 1981.

*Ray, Maurice. *El descubrimiento del amor*. Barcelona: Ediciones Evangélicas Europeas, s.f.

Rosenthal, Saul H. *Sex Over 40*. Nueva York: G. P. Putnam's Sons, 1987.

Rubin, Isadore. *Sexual Freedom in Marriage*. Nueva York: The New American Library, 1969.

*Smalley, Gary. *El gozo del amor comprometido: Amando y comprendiendo a tu esposa*. Miami: Editorial Betania, 1986.

*———. *El gozo del amor comprometido: Comprendiendo y amando a tu esposo*. Miami: Editorial Betania, 1986.

Smalley, Gary y Trent, John. *El amor es una decisión*. Miami: Editorial Betania, 1990.

*Smedes, Lewis B. *Sexología para cristianos*. Miami: Editorial Caribe, 1982.

Stafford, Tim. *Sexual Chaos*. Downers Grove: InterVarsity Press, 1989.

———. *The Sexual Christian*. Wheaton: Victor Books, 1989.

*———. *Vale la pena esperar*. Miami: Editorial Unilit, 1990.

Swartz, David. *The Magic of Thinking Big*. Nueva York: Cornerstone Library, 1980.

*Trobisch, Walter. *Yo quise a una chica*. Salamanca: Ediciones Sígueme, 1971.

*———. *Yo me casé contigo*. Salamanca: Ediciones Sígueme, 1976.

*Wheat, Ed y Gaye. *El placer sexual*. Miami: Editorial Betania, 1980.

Artículos

Amezúa, Eugenio. «La homosexualidad masculina», *Convivencia III* (Sedmay Ediciones, Madrid), s.f., pp. 9-15.

Beck, M. N. «The Bed Undefiled», *Christianity Today*, 10 de octubre de 1975, pp. 4-6.

Bottel, Helen. «Helping Your Teens to Handle Sex», *Reader's Digest*, s.f. Este artículo apareció originalmente en *Family Circle* (noviembre de 1969), Nueva York, N.Y.

Cañas, Gabriela. «¿Quién tiene miedo al SIDA?», *El País*, 13 de julio de 1986, p. 3.

Capdevila, Montse. «Alarma en occidente por el aumento de las infecciones sexuales», *El Periódico*, 30 de junio de 1986, p. 19.

Collins, Robert J. «Sex Is Never Free», *Journal of American Medical Association*, 28 de abril de 1975, vol. 232, p. 392, Chicago.

Clapp, Rodney. «What Hollywood Doesn't Know About Romantic Love», *Christianity Today*, 3 de febrero de 1984, pp. 28-33.

Compolo, Tony. «Sex Ed's Failure Rate», *Christianity Today*, 8 de febrero de 1993, p. 22.

Cortes, Higinio, y Martínez Vila, Pablo. «La homosexualidad, ¿superación o desviación?», *Panorama Evangélico*, febrero de 1978, pp. 4, 5.

Dallas, Joe. «Born Gay?», *Christianity Today*, 22 de junio de 1992, pp. 20-23.

Eggebroten, Anne. «More Than Moral Indignation», *Christianity Today*, 19 de noviembre de 1971, pp. 15-19.

Frey, William. «Really Good Sex», *Christianity Today*, 19 de agosto de 1991, p. 12.

Gelman, David. «Born Or Bred?», *Newsweek*, 24 de febrero de 1992, pp. 46-53.

Henry III, William A. «Born Gay?», *Time*, 26 de junio de 1993, pp. 38-41.

Herrero Brasas, Juan A. «La sociedad gay: Una invisible minoría», *Claves de razón práctica*, Número 37, noviembre de 1993, pp. 26-42.

Jones, Stanton L. «The Loving Oposition», *Christianity Today*, 19 de julio de 1993, pp. 18-25.

Knight III, George W. «Male and Female Related He Them», *Christianity Today*, 9 de abril de 1976, pp. 13-17.

Leo, John. «The Revolution is Over», *Time*, 9 de abril de 1984, pp. 74-83.

Levin, Robert J. y Amy. «Sexual Pleasure: The Surprising Preferences of 100,000 Women», *Redbook Magazine*, septiembre de 1975, pp. 51-58.

Lutzer, Erwin. «Eight Ways to Tell If You're in Love», *Moody Monthly*, enero de 1978, pp. 93-96.

Mangis, Michael W. «Deflating the Gender Myths», *Christianity Today*, 19 de agosto de 1991, pp. 55-59. Mangis da un resumen y crítica del libro *Gender and Grace: Love, Work and Parenting in a Changing World* por Mary Stewart Van Leeuwen (InterVarsity Press).

Massey, Craig. «Why Don't You Talk To Me?», *Moody Monthly*, junio de 1982, pp. 17-19.

Maudlin, Michael G. «John Stott Speaks Out», *Christianity Today*, 8 de febrero de 1993, pp. 37, 38.

Neff, David. «Two Men Don't Make a Right», *Christianity Today*, 19 de julio de 1993, pp. 14, 15.

Neff, David. «The Painless-Divorce Myth», *Christianity Today*, 12 de mayo de 1989, p. 17.

Oliver, Kay, y Christianson, Wayne. «Unhappily 'Gay'?: From the Closet to the Front Page», *Moody Monthly*, enero de 1978, pp. 62-69.

Pizano, Daniel Samper. «¡La ministra recomienda masturbación!», *Cambio 16*, 26 de octubre de 1992, pp. 14-23.

Sidey, Ken. «The Magic Word», *Christianity Today*, 13 de enero de 1992, pp. 14, 15.

Sims, Bennet J. «Sex and Homosexuality», *Christianity Today*, 24 de febrero de 1978, pp. 23-30.

Smith, Wilbur M. «The New Testament Nomenclature for Sexual Sins», *Moody Monthly*, octubre de 1968.

Stafford, Tim. «Getting Serious About Lust in an Age of Smirks», *Christianity Today*, 10 de enero de 1994, pp. 27-29.

Stafford, Tim. «Great Sex: Reclaiming a Christian Sexual Ethic», *Christianity Today*, 2 de octubre de 1987, pp. 23-45. Stafford hace un resumen de un forum sobre temas sexuales en el que participaron Judith K. Balswick, Stanley Grenz, Kenneth S. Kantzer, Kaye Cook, y William S. Stafford.

Steinberg, Victor. «El ocaso del machismo», *Cambio 16*, 6 de julio de 1987, pp. 14-22.

Tapia, Andrés. «Abstinence: The Radical Choice for Sex Ed», *Christianity Today*, 8 de febrero de 1993, pp. 24-29.

Thurow, Lester C. «Changes in Capitalism Render One-Earner Families Extinct», *USA Today*, 27 de enero de 1997, p. 17A.

Tomasik, Kristine Miller. «When Couples Disagree», *Today's Christian Woman*, verano de 1983, a partir de la p. 61.

―――― «Así engañan las mujeres españolas a sus maridos», *Tiempo*, 28 de diciembre de 1987, pp. 8-13.

―――― «Austria estudia obligar a los hombres a trabajar en casa», *El Periódico de Catalunya*, 16 de abril de 1996, p. 26.

―――― «The Bible and the New Morality», *Christianity Today*, 21 de julio de 1967, pp. 1021-1025. Una entrevista con James Daane, John Warwick Montgomery y Leon Morris.

―――― «Los caminos que llevan a la prostitución», *Convivencia III*, Madrid: Sedmay Ediciones, pp. 18-19.

―――― «Casi la mitad de los españoles confiesa que engaña a su mujer», *Tiempo*, 18 de enero de 1988, pp. 8-13.

―――― «Las desviaciones, una a una», *Convivencia III*, Madrid: Sedmay Ediciones, pp. 14, 15.

―――― «El embarazo juvenil asusta en España más que el SIDA», *El Periódico de Catalunya*, 24 de febrero de 1993.

―――― «Empar Pineda feliz con su lesbianismo», *El Periódico de Catalunya*, 25 de mayo de 1985.